Colección
HISTORIAS NO CONTADAS

Diario de mi cautiverio

"Las FARC pedían por mí $3.000 millones"

DIARIO DE MI CAUTIVERIO

"Las FARC pedían por mí $3.000 millones"

Carolina Rodríguez

Grupo Editorial Norma
www.librerianorma.com
Bogotá Barcelona Buenos Aires Caracas
Guatemala Lima México Panamá Quito San José
San Juan San Salvador Santiago de Chile Santo Domingo

Rodríguez, María Carolina
    Diario de mi cautiverio / Maria Carolina Rodríguez. --
Bogotá : Grupo Editorial Norma, 2008.
    304 p. ; 23 cm. -- (Historias no contadas)
    ISBN 978-958-45-0824-9
    1. Rodríguez, María Carolina - Relatos personales
2. Fuerzas Armadas Revolucionarias de Colombia 3. Secuestro -
Relatos personales - Colombia 4. Extorsión - Relatos
personales - Colombia I. Tít. II. Serie.
920 cd 21 ed.
A1153260

      CEP-Banco de la República-Biblioteca Luis Ángel Arango

© María Carolina Rodríguez
© Editorial Norma S.A., 2008
Apartado Aéreo 53550, Bogotá
Primera edición: abril de 2008

Derechos reservados para todo el mundo de habla hispana
Prohibida la reproducción total o parcial de esta obra
sin permiso escrito de Editorial Norma S.A.

Diseño de cubierta: María Clara Salazar
Armada: Blanca Villalba Palacios

CC 26000450
ISBN 978-958-45-0824-9

Impreso por Nomos Impresores
Impreso en Colombia – *Printed in Colombia*
Marzo de 2008
Este libro se compuso en caracteres Adobe ITC Usherwood

Contenido

PRÓLOGO 11

DEDICATORIA 13

CAPÍTULO 1
   Quién soy 19

CAPÍTULO 2
   El secuestro, primeros días 25

CAPÍTULO 3
   La casa de Polo 61

CAPÍTULO 4
   La partida 79

CAPÍTULO 5
   El campamento 95

CAPÍTULO 6
   Diarios 117

CAPÍTULO 7
   El escape 247

CAPÍTULO 8
　La libertad 287
CAPÍTULO 9
　Qué pasó después 299

Prólogo

Dentro del diario trajinar en nuestro pequeño mundo cotidiano, no apreciamos en su verdadera magnitud la gran diversidad cultural, los diferentes ambientes y la variedad de gente de nuestro país. El ex presidente de Colombia Alfonso López Michelsen mencionaba dos Colombias totalmente diferentes, tal vez haya más de tres. Las vivencias de unos y otros no son comunes y por lo tanto no se comparten y a veces ni se conocen.

Es importante analizar cómo dentro de un grupo de 16 secuestrados, y sus captores, en su forzada convivencia afloran, poco a poco, las personalidades que en sus distintas facetas nos muestran una interesante gama de comportamientos que van desde el egoísmo, el compañerismo, la buena y la mala educación, hasta la maldad y la ingenuidad.

La autora, mediante la compilación de su diario llevado en cautiverio, hace una descripción real, nada adornada ni novelesca, de su secuestro y su vivir en el campamento de uno de los frentes de las FARC, que por fortuna parece haber sido uno de los más soportables y de relativo "mejor trato", comparado con otros en donde con frecuencia se asesinan secuestrados, se encadenan seres humanos las 24 horas y se violan los derechos humanos; no es fácil hablar de un "mejor trato" cuando se tiene a alguien privado de la libertad y cuando se extorsiona a su familia.

Carolina, profesional de la universidad de los Andes quien narra sus propias vivencias, es una persona agradable en su trato, nada conflictiva y los que la conocen la describen como dulce. No es fácil imaginar cómo podría desempeñarse en un ambiente hostil. Sin embargo, es destacable su valentía que la impulsó a imaginar, junto con dos de sus compañeros, la fuga del campamento donde permanecían sin esperanzas de libertad.

GERMÁN RODRÍGUEZ

Dedicatoria

A Dios, por ser mi apoyo, nuestra guía y el motor de fuerza que nos trajo sanos a la libertad. Por darme la oportunidad de vivir esa experiencia de manera positiva y sin llegar a peores consecuencias.

A mis padres por sufrir con valor, por sus ganas, por su continua lucha, por hacer cuanto se pudo; por sus mensajes llenos de fe, de amor y de positivismo.

A toda mi familia por sus mensajes esperanzadores, por rezar por nosotros y por darles apoyo a mis padres.

A todos mis amigos y los de la familia que, a su manera, estuvieron pendientes de nosotros. A todos aquellos que rezaron por nosotros, incluso sin conocernos.

A nuestros tres compañeros y amigos de cautiverio.

A JJ, quien sin decirlo, me demostró su amor durante todo ese tiempo.

A Huertas, por su buena compañía, por sus valores y por sacarnos de allá.

A la luna, cómplice y testigo de nuestras vivencias.

A todos aquellos que siguen secuestrados, para que nunca se rindan.

Al mayor Mora.

"Los acontecimientos no resultan tan malos como tememos, ni tan buenos como soñamos"

Padre Narciso Hirala S.J.

Capítulo 1

Quién soy

Soy madre de familia, profesional, bogotana de clase media alta, y sobre todo soy colombiana. Soy una mujer normal que trabaja, que se divierte, y también que a veces sufre.

Sí, me divertí mucho durante siete años de mi vida cuando volaba parapente. Tal vez hubiera podido hacer un postgrado, o hubiera podido compartir más tiempo con mi familia, pero preferí la aventura de este deporte de alto riesgo. Lo que nunca imaginé era que el riesgo lo encontraría en otro lugar.

Conocí a mi esposo JJ en el trabajo. Más tarde lo involucré en el parapente y en estos dos medios tan diferentes se desarrolló nuestro noviazgo. Después de tres años de novios, finalmente nos casamos el 21 de abril de 2001.

Yo llevaba siete años volando y JJ tres. Fueron años de gozo. Cada viaje era un paseo. El año anterior a mi secuestro, junto con otra pareja de amigos, decidimos organizar un campeonato nacional de parapente en Melgar, un lugar a unas dos horas y media de Bogotá. Asistieron parapentistas de varias ciudades de Colombia y se inscribió muchísima gente.

Los participantes hicieron varios vuelos muy agradables, el evento salió en las noticias, y aunque hubo fallas, en general fue exitoso y nuestra satisfacción fue muy grande. La seguridad[1], que en esa época tanto nos preocupaba a todos, estaba garantizada, pues en Melgar hay una base aérea, además de una base militar.

El *voladero* de Melgar queda en una montaña, tomando la carretera hacia un pueblo llamado Icononzo, en la finca de un general del ejército, en donde están ubicadas unas antenas de comunicaciones. Hay acceso vehicular hasta donde se despega y yo pensaba: ¡qué más seguridad que la propiedad de un general!

Por esta razón decidimos repetir el evento el siguiente año, en mayo de 2001. Esta vez le daríamos categoría de competencia internacional.

Nuestro amigo Huertas tenía un GPS (Global Posicionary System) que grababa los puntos cardinales satelitalmente. Esto nos serviría para definir los puntos de competencia para los participantes. Por tal motivo, nos autodesignamos la tarea de tomar las coordenadas de

---

[1] En 2001 Colombia atravesaba unas difíciles condiciones de seguridad por cuenta de las acciones de grupos guerrilleros y paramilitares. Los secuestros iban en aumento, a pesar del proceso de paz iniciado por el gobierno de Andrés Pastrana con las FARC. En el año 2000, por ejemplo, la cifra de secuestrados llegó a las 3.706 personas, de las cuales el 85% había sido plagiada por algún grupo guerrillero.

sobrevuelo para la competencia. Esto lo hicimos con Huertas, quien se unió al paseo a Melgar, ocho días antes del campeonato y veinte días después de nuestro matrimonio. También habíamos invitado a Alejandro, un amigo parapentista. Cuando llegamos por él a su casa, se había arrepentido de ir, y hasta creo que se inventó que tenía el cumpleaños de su padre, aunque sospecho que prefirió quedarse con su novia.

Capítulo 2

El secuestro, primeros días

JJ me despertó y me recordó que debíamos apresurarnos para salir de paseo. Miré el reloj, eran las siete de la mañana del 20 de mayo de 2001. Quería seguir durmiendo pero me levanté a preparar algo de desayuno. Disfrutaba empezar a tomar mi papel de señora casada, de tener todo nuevo, incluyendo el apartamento, pequeño pero acogedor, claro y con vista a las montañas de Bogotá.

Nos arreglamos, empacamos nuestros parapentes y finalmente salimos a nuestro primer paseo de casados luego de una luna de miel en el Amazonas. Fuimos a recoger a Alejandro que, después de dudarlo mucho en la puerta del Jeep, no quiso ir. Mi carro era un Montero azul de los viejos, que había comprado con todos mis ahorros para viajar y volar en todos los lugares de Colombia. Seguimos el recorrido, fuimos a la casa de la mamá de JJ y recogimos a Sasha, una perrita que queríamos llevar. Finalmente recogimos a nuestro amigo Huertas, a su fiel novia María y a la hija de ella.

Emprendimos el viaje hasta Melgar. Llegamos a una pequeña casa de recreo que es de mi familia, guardamos nuestras maletas, y planeamos nuestro primer día de trabajo. María y su hija nos querían acompañar, pero Huertas les recomendó quedarse y disfrutar de la piscina. Ese día recorrimos varios pueblos aledaños, pasamos por Tocaima, Agua de Dios, Espinal y Girardot. En cada pueblo grabamos puntos geográficos en el GPS ¡Qué gran trabajo hicimos ese día! Las carreteras estaban algo desocupadas, y aunque estábamos un poco asustados debido a los problemas de seguridad en que se encontraba el país, no pasó nada.

El domingo decidimos grabar los puntos geográficos cercanos a Melgar. Primero fuimos a la base aérea –como siempre– a informar que íbamos a volar, pues es una exigencia de los militares para poder hacerlo en ese lugar. Fuimos a otros lugares y finalmente decidimos subir a volar.

El *voladero* está en la mitad de la vía Melgar-Icononzo en la finca de un general, en donde hay una antena. El clima se veía muy bueno para el vuelo, sin embargo, antes de llegar nos desviamos por una carretera destapada, por donde se llega a una petrolera relativamente nueva; queríamos buscar la antena porque nos había llamado la atención. Esta vez no estábamos tan asustados como el día anterior: estábamos en nuestro territorio, cerca de una

base militar, habíamos avisado a la fuerza aérea y había una petrolera.

Recuerdo una pequeña tienda. Huertas se bajó ahí a preguntar cómo llegar. Le dijeron que "allí no más a la vuelta" se podía subir, que por Cuba (¿qué tal el nombrecito?). Pero a la vuelta no encontramos ninguna subida. Vimos a dos excursionistas caminando, eran como indígenas, de pelo liso y largo y cargaban unos morrales cuadrados, verdes (hoy creo que eran guerrilleros por los morrales que llevaban). Avanzamos unos tres minutos cuando encontramos en un cruce una camioneta Toyota roja ¡llena de guerrilleros! Tres adelante, otros tres en la parte trasera y no se cuántos más en el platón. Todos estaban vestidos como el ejército, pero había hombres y mujeres. Algunos tenían bigote, y ninguno tenía su cabello rasurado. Parecía como si ellos nos estuvieran esperando. Todavía me queda la duda de si desde esa tiendita les comunicaron algo acerca de nosotros... ¿Por qué estaban allí? ¿Esperándonos? ¿Coincidencia? ¿Por qué no estaba la camioneta en movimiento? Cuando los vimos ya no había nada que hacer.

Nos tocó detenernos y se acercaron a la ventana de nuestro carro. Nos anunciaron que eran del Frente 25[2] de las FARC y nos pidieron papeles de identificación. JJ y Huertas sacaron la cédula, la mostraron y la volvieron

---

[2] El frente 25 de las FARC opera en los límites entre los departamentos de Cundinamarca y Tolima.

a guardar en sus billeteras. Nos preguntaron que si trabajábamos en alguna empresa. Respondimos que no. Nos dieron un folleto de propaganda, nos quitaron los radios (*Walkie Talkies*) y los celulares, y nos dijeron que los teníamos que acompañar a hablar con el comandante para explicarle quiénes éramos y por qué estábamos en un área prohibida.

Esto fue aproximadamente a las 12 del día. Un guerrillero se subió en el asiento del copiloto y Huertas se pasó a la parte trasera del carro conmigo. JJ comenzó a manejar como un loco a toda velocidad, y como era carretera destapada nos sacudíamos mucho. Otro guerrillero, que no tenía uniforme, se colgó atrás en la llanta de repuesto (JJ me decía después que manejó así para ver si el tipo de atrás se pegaba su buen golpe). La camioneta roja nos seguía. El guerrillero hablaba y hablaba, mientras nosotros nos preocupábamos disimuladamente por cómo esconder los papeles y el dinero que llevábamos. El más angustiado era Huertas, pues tenía sus papeles de militar, que afortunadamente no los habían revisado (Huertas había pertenecido al cuerpo militar y ya estaba retirado). Me los dio a mí, y yo no sabía, con esos nervios, dónde ponerlos. ¿Entre mis botas de parapente? ¿En mis bolsillos? ¡Qué tal que me requisaran! ¿Dónde? Yo le hacía gestos a Huertas, mientras disimulábamos estar prestando atención al guerrillero. Finalmente escondimos sus papeles y mi carné de la compañía donde yo trabajaba en el agujero por donde sale el cinturón de seguridad.

El guerrillero hablaba y hacía propaganda política. Nos hablaba de la negociación con el gobierno[3], que no iba a funcionar hasta que no cumplieran con todas sus exigencias, especialmente la de eliminar el Plan Colombia[4], proceder con el intercambio de guerrilleros presos por secuestrados, y la erradicación de los paramilitares. Que lo que estaban llevando a cabo no era una negociación sino diálogos, y que con o sin diálogos, lo que ellos querían era el poder. No sé qué más hablaba el hombre, pues mientras tanto muchos pensamientos invadían mi cabeza: "Dios mío ¿será que nos van a dejar ir después? ¿A dónde nos llevan?" Yo escondí disimuladamente mi billetera entre el parapente, en la que llevaba 300 mil pesos y todos mis papeles.

Pasamos un pequeño arroyito, seguimos avanzando, y finalmente paramos en donde se acabó la carretera. Ahí

---

3 En 1998, el gobierno del recién elegido presidente de Colombia, Andrés Pastrana Arango, acordó dar comienzo a los diálogos de paz con la guerrilla de las FARC y desmilitarizar una extensión de 40.000 km² que se conoció como la Zona de Distensión o Zona de Despeje, ubicada entre los municipios de Mesetas, La Uribe, La Macarena, Villahermosa y San Vicente del Caguán.

4 El Plan Colombia fue un proyecto del gobierno Pastrana, mediante el cual se canalizaron recursos del gobierno de Estados Unidos para apoyar la modernización de las Fuerzas Militares, realizar inversión social en las zonas de conflicto e impulsar programas de erradicación de cultivos ilícitos.

había una pequeña tienda, un camión de gas –que parecía robado– y unos perros descuidados y desgarbados. Nos dijeron que esperáramos, que iban a llamar al comandante, nos bajaron del carro y nos dejaron en manos de otros guerrilleros. JJ y yo nos abrazamos varias veces, muy fuerte y por largo tiempo. Él estaba preocupado por una tarjeta débito que tenía en la billetera, así que pidió permiso para orinar; allí rompió la tarjeta y la botó.

Esa fue una larga espera, tal vez dos horas. JJ estaba nervioso y lo demostraba caminando de un lado a otro. El guerrillero que nos venía hablando también estaba nervioso viendo a JJ paseándose, y decía: "ese mono marica no se deja de mover" y murmuraba otras cosas que yo no entendía, pero por su cara también reflejaba nerviosismo. Tal vez él pensaba que éramos espías o qué se yo. O quizás por los radios que traíamos nos convertíamos en sospechosos, a pesar de que les habíamos explicado que éramos parapentistas, lo que estábamos haciendo en ese momento y que los radios los usábamos para comunicarnos en el aire.

Más tarde llegaron otros dos guerrilleros a cuidarnos, también camuflados e igual de jóvenes a los otros. Yo tenía mucho susto, pues estaban muy serios. Pero poco a poco, preguntándoles sobre la situación y si nos iban a dejar ir, entramos en confianza con uno de ellos que resultó "buena gente".

Finalmente nos dijeron que mejor subiéramos al monte, una montaña común, llena de arbustos y matorrales, pegada a la carretera. Con nosotros subieron tres guerrilleros. Llegamos a una cerca que limitaba los terrenos, y allí, antes de atravesarla nos hicieron esperar otra vez. Tal vez una hora más, no sé, como hasta las cuatro o cinco de la tarde. Nos ofrecieron una bebida blanca, creo que era avena, en una olla vieja, y todos tomamos de ahí. Yo tomé por no verme ante ellos regodienta o asquienta, por parecer más bien sencilla y despreocupada. Vimos pasar varios "civiles" que sí atravesaban la cerca, a lo mejor campesinos del área (JJ piensa que eran comerciantes de Melgar pagando vacunas –pagos a los guerrilleros– o pidiendo favores) que iban a hablar con el comandante, a pagar extorsiones, qué sé yo... No hablamos nada.

Huertas tenía todavía en su billetera otros documentos importantes, y los enterró disimuladamente al lado de un árbol donde se encontraba sentado. Los que nos cuidaban nos repetían que no estuviéramos nerviosos, "el que nada debe nada teme". Entonces yo pensaba que al hablar con el comandante y explicarle lo que estábamos haciendo, nos iba a dejar ir. Luego nos iríamos a comer un pollo allá en la plaza del pueblo, y bueno, saldríamos corriendo a Bogotá, pues el lunes había que trabajar...

A un señor de bigote un poco más maduro que los otros, moreno y también camuflado (alias *Gonzalo*) le dieron quejas de nosotros, pues no habíamos entregado un celular ni un radio que encontraron en el Jeep. *Gonzalo* mandó requisar el carro, nos sacaron todo, los aparatos del parapente, otro radio y otro celular, mi billetera que había escondido, todo. La perrita de la familia de JJ estaba dentro del carro. Nos preguntamos qué sería de ella, debía estar muy nerviosa. *Gonzalo* nuevamente pasó la cerca, subió y se demoró un buen rato. Luego bajó, dijo duramente: "se quedan" y nos hicieron bajar.

Antes de llegar a la trocha nos hicieron esperar otro rato, ya eran las cinco de la tarde. Podíamos ver que seguían requisando el carro por arriba, por abajo, por todos lados. Nuestra tensión estaba al máximo, estábamos con hambre, cansados, la novia de Huertas y la niña estaban en la finca esperándonos, y ya se estaba oscureciendo. Íbamos a llegar muy tarde a Bogotá. El guerrillero "buena gente" nos seguía tranquilizando y nos decía que el "cucho" no demoraba en bajar y que él creía que nos iban a dejar ir.

Finalmente a las seis de la tarde nos llamaron y bajamos a la carretera. ¡Qué hambre! Lo único que habíamos comido era el desayuno y esa avena. JJ y yo creímos que nos iban a dejar ir por fin. Yo pensaba: "vamos por María, nos comemos el pollo y ¡para Bogotá!" Aunque sería pesada la madrugada para el trabajo, pues íbamos a llegar un poco tarde a nuestras casas. También pensaba: "qué importa, si estamos muy cansados, pues llegamos tarde al trabajo, y ya".

Gonzalo nuevamente nos dijo "se quedan", miró con odio a JJ y le dijo: "pórtese bien". Nos montaron en la camioneta roja, y emprendimos camino. Nosotros tres íbamos en la parte de atrás y tres guerrilleros iban adelante. El Jeep de nosotros nos seguía, y allí iba *Gonzalo*. JJ les preguntó a los conductores por la perrita y le contestaron: "¡qué nos vamos a encartar con una 'hijueputa' perra!" Dios mío, qué desilusión tan grande cuando nos dimos cuenta de que no nos iban a soltar... Y esos señores tan groseros.

Evidentemente no hablamos con nadie ¡qué comandante, ni qué explicación, ni qué nada! Recorrimos puras trochas y anduvimos gran parte de la noche. Paramos en un pueblo muy pequeño y silencioso –que nunca supe cuál era– por combustible. Luego paramos en una pequeña tienda y allí nos compraron salchichas y gaseosa. *Gonzalo* le preguntó a JJ que por qué había roto la tarjeta (¡sí, lo habían visto!) y él dijo que porque tenía susto de que le quitaran sus ahorros. *Gonzalo* le preguntó que cuánto dinero tenía, JJ le dijo que cuatro millones, y el tipo le respondió sarcásticamente y con una sonrisa maligna: "eso no le vamos a quitar, le vamos a quitar mucho más".

Ese señor me daba miedo, su mirada era muy dura, sus palabras eran siempre cortantes y nunca saludaba.

Más tarde ese día, pasamos rápidamente por un pueblo, ahí estaban las casas con personas en sus ventanas y yo las veía como tratando de llamarlas con mi mirada, pero era oscuro, y ya hasta debían estar acostumbradas al paso de carros con guerrilleros. A la salida del pueblo, donde ya no había casas, paramos un rato y al poco tiempo nos llevaron comida en un pedazo de papel aluminio: ¡carne, papas y arroz! Qué rico. Estaba delicioso, todavía me acuerdo, pero el estrés no nos dejó comer mucho a pesar de no haber almorzado, por lo que dejamos casi todo. Yo no quería que pensaran que yo era una niña rica de la oligarquía a la que no le importaba desperdiciar la comida, por lo que me mostré muy preocupada al tener que dejar esos bocados. Pensé que si desperdiciábamos también nos regañarían.

Nadie habló en ese trayecto. A JJ no lo dejaban abrir la ventana y lo regañaban, a lo mejor porque creían que iba a botar más tarjetas (qué tontos, en lugar de quitarle la billetera). El destino final fue un caserío de tres casas, como en un cruce. Paramos un buen tiempo y luego nos hicieron bajar y nos dijeron que ahí íbamos a dormir. La casa estaba medio abandonada. No se veía nada, pues ya era muy oscuro y no había luz. Preguntamos que si podíamos sacar del carro los overoles térmicos que usamos para volar, así evitaríamos el frío. Dijeron que sí y nos señalaron unas camas con la luz de una linterna, ahí pasamos la primera noche; Huertas en una cama y JJ y yo en otra. No sabía si eran cobijas pero había varias telas y trapos con qué taparse. Se sentían granos de arena o tierra en la cama, seguramente no estaba muy limpia, pero estábamos cansados y había que dormir.

Primer Día

Yo dormí bien, pero entre un sueño y otro me acordaba de que no estaba en mi casa. Huertas no pudo dormir. Afortunadamente usamos los overoles, no sólo para protegernos del frío, sino de las pulgas y de la mugre de la cama y las cobijas. Después de habernos vigilado toda la noche, alumbrándonos incómodamente la cara con linternas cada cierto tiempo, nos despertaron bruscamente con un grito: "¡levántense que nos vamos!" Esto fue casi de noche, como a las cinco de la mañana.

Los guerrilleros decidieron quitarles definitivamente las billeteras a JJ y a Huertas, se las habían devuelto el día anterior, pero afortunadamente ya habíamos escondido más papeles, y Huertas ya había escondido 270 mil pesos en su ropa.

Yo dejé tiradas en esa casita mis sandalias y preferí otros zapatos que tenía. Como no había baño, nos dieron permiso de ir a las matas de afuera. Los tres tipos del día anterior nos subieron en la camioneta roja otra vez. Anduvimos menos de cinco minutos por la carretera, pararon en una curva y nos hicieron entrar a un potrero, pasando una cerca y metiéndonos en unos matorrales. Era más un monte húmedo –tal vez había llovido– lleno de palmas y de arbustos.

Nos armaron una "casa" como llaman ellos, que es una tela impermeable camuflada, con cuerdas en las esquinas que amarran en los árboles del monte y ponen en forma de techo. Un tipo nuevo que apareció dentro del grupo (*El Chulo*) nos cortó varias hojas de "elegancia", unas hojas muy grandes como de palma, para ponerlas en el piso y para que nos acomodáramos. La noche anterior lo habíamos visto, y mi primera impresión es que tenía cara de delincuente, pero resultó "buena gente", se notaba muy preocupado porque estuviéramos bien instalados en ese hueco. Era flaco, con un gran bigote negro, moreno, como de unos 40 años. Ninguno de los que estaba cuidándonos usaba ropa camuflada, pues eran milicianos. Estos, a diferencia de los guerrilleros, no están en el monte disparando o cuidando secuestrados sino que están en los pueblos, pasando por civiles y haciendo el trabajo de extorsión e intimidación.

Estábamos los tres muy callados, del susto, y de la falta de sueño tranquilo. Los tipos ya no estaban tan agresivos. Ahí nos quedamos sentados hasta que llegó otro señor con el desayuno: huevos con cebolla y tomate, caldo, arepa y chocolate. Lo llevaron en ollas y también llevaron platos.

Estaba rico, pero la tensión no nos permitió comer mucho. Comimos casi de mala gana, pero conscientes de la importancia de hacerlo.

De vez en cuando lloviznaba y los mosquitos picaban y picaban, ¡nos tenían aburridos! El piso estaba duro y frío, ya se nos cansaba el trasero y no había espacio para caminar, por lo que nos alternábamos entre estar parados y estar sentados. Me dieron ganas de ir al baño, por lo que subí a una piedra grande que ayudaba a ocultarnos, y me limpié con una hoja, ¡ja! Primera vez en mi vida que me limpiaba con una hoja, me pareció tan gracioso. Por eso bajé muy sonriente y además contenta porque me estaba funcionando bien el estómago. JJ no sabía por qué me reía y hasta le pareció bonito que en medio de tanta angustia me saliera una sonrisa. Lo más chistoso es que más tarde JJ les pidió papel higiénico a los guerrilleros, ¡y le dieron! (como dice el dicho, el que no llora, no mama, tan boba yo).

Pasamos la mañana hablando entre nosotros, muy bajo (pues los tipos estaban a la salida de los matorrales pendientes de nosotros), discutiendo sobre el país, planeando nuestras posibles respuestas para cuando viniera el comandante a cuestionarnos y hablando obviamente de la guerrilla. Huertas casi no habló del susto. También rezamos mucho, cada hora, no sé cada cuánto, y rezábamos Padrenuestros y el Dios te salve María. Al principio rezábamos sólo JJ y yo, luego invitamos a Huertas, quien también rezó. Pedíamos que nos soltaran rápido. También nos arrepentimos mucho, qué idiotas, cómo no nos dimos cuenta de que esos excursionistas con esas caras tenían más aspecto de guerrilleros que de turistas. Cómo no haberles hecho caso a nuestros papás ¡que tanto nos advertían que tuviéramos cuidado! Decíamos que si salíamos de esta situación, dejaríamos de volar, y que no les contaríamos a nuestros papás lo sucedido. También hablamos mucho del país, de todo lo que vemos en los noticieros, que pareciera que no pasara, pero realmente pasa, pasan muchas cosas... Teníamos mucha esperanza en que nos soltaran, y mucha ansiedad de que llegara *Gonzalo*. Así podríamos conversar, explicar todo, ¡y quedar libres!

Yo esperaba que llegara rápido para de una vez saber qué iba a pasar con nosotros. Debía estar investigando todas nuestras finanzas... ¡Qué susto!

De lo cansada que estaba en ese espacio tan cerrado me salí un poco y comencé a conversar con los que nos cuidaban. Había dos tipos afuera: uno moreno de bigote, feo, joven, se llamaba *Caliche*. El otro era blanco, flaco, le decían *El Loco*. El tercero de ellos no estaba por ahí, era también moreno, feo, barrigón, más viejo, con una cicatriz en el labio, se llamaba *Norbei*. Resultaron "buena gente", y en parte me tranquilizaron. Decían que nos estaban investigando, y que si teníamos menos de 1.000 millones de pesos, nos soltaban y nos dejaban ir. Que si sólo teníamos una casa, o algo así, pues lógico que nos soltaban, y que si no teníamos plata para el bus inclusive nos daban para que nos fuéramos. Que quien explotaba a la gente y la extorsionaba era la delincuencia común, pero no la guerrilla. Que quienes maltrataban eran los de la delincuencia común, no los de la guerrilla. En ese momento sentí tranquilidad, y pensé: "afortunadamente nos tienen los de las FARC". También nos decían que ya casi venía el comandante, que nunca llegó. Afortunadamente teníamos los overoles, que nos protegieron de los mosquitos, pues nos molestaron mucho.

A las seis de la tarde salimos de ese hueco a la carretera, a donde llegó nuevamente la camioneta roja, con la comida en el platón. Comimos sobre la carretera, parados; luego nos dieron cepillo de dientes y crema dental, y nos cepillamos los dientes, obviamente sin agua. Nuevamente nos llevaron a la casa esquinera abandonada, ya oscura otra vez, y nos acostaron a dormir.

Segundo día

A las cinco de la mañana nos levantaron de esas camas desordenadas, llenas de trapos, cobijas y hasta una chaqueta, todo lleno de arena y polvo. Afortunadamente siempre llegábamos de noche como para no ver demasiado en donde dormíamos. Huertas durmió mejor, nosotros también, aunque era triste despertar de un sueño delicioso y acordarse: "¡carajo, estamos secuestrados!" No estábamos en nuestra casita, estábamos lejos...

Nuevamente nos montaron en la camioneta, nos acordamos del día anterior tan aburrido y pedimos que nos dejaran sacar un libro del Jeep, el cual todo el tiempo iba escoltándonos detrás de la camioneta roja, pero no lo encontraron. Estaba feliz de salir de esa casita abandonada, probablemente hacia un sitio mejor, pero nuevamente, a cinco minutos, nos dejaron en el mismo monte del día anterior, ¡qué desilusión! Los guerrilleros armaron otra vez la "casa" con unas hojas nuevas, y a las seis de la mañana llegó el desayuno ¡Estuvo delicioso! Huevos con cebolla y tomate, arepa, caldo y chocolate. Sacamos nuestros cepillos de dientes, y a secas nos los lavamos. Llovió otra vez esporádicamente. Huertas, como siempre tan previsivo, había guardado una botellita de plástico, y allí recogió pacientemente agua lluvia escurriendo el rocío de las hojas y de la "casa" para lavarnos los dientes.

Como a Huertas no le quitaron su canguro (bolsita para guardar cosas que se amarra a la cintura), sacamos hilo dental y cortaúñas y nos cortamos las uñas, y nos limpiamos los dientes, en parte para pasar el tiempo. Rezamos varias veces, murmuramos acerca de nuestra situación, nos preguntábamos si nos soltarían y qué habrían investigado de nosotros. Yo le decía a JJ que lo más probable era que dejaran secuestrado a uno de los dos, y que el que quedara libre sería el encargado de liberar al otro. JJ me decía que en ese caso ofreciéramos el Jeep, o les dijéramos que nos dejaran ir a los dos y que luego les dábamos el dinero. Y ese comandante nada que llegaba a hablar con nosotros, ya dos días, y ¡qué ansiedad tan terrible! Tantas preguntas que nos hacíamos... "¿Será que ya se enteraron las familias de nuestra situación? ¿Qué les habrá dicho María? ¿Habrá continuado el evento de parapente? ¿Qué sabrán los guerrilleros de nosotros?" También nos lamentábamos por "dar papaya" (por exponernos), que si hubiéramos salido más tarde... Que si hubiéramos salido más temprano... Todos esos "si hubiéramos"... Siempre nos tranquilizábamos con el famoso dicho de "si mi tía tuviera pelotas sería mi tío", pero al rato seguían los "hubiéramos".

Había también tantas preocupaciones: la oficina, los papás y la familia. Y hasta las preocupaciones más tontas: el pan tan rico que habíamos comprado se va a endurecer, se va a dañar el melón que se quedó en la nevera, en qué habrá quedado la novela de "Pobre Pablo" que estaba buenísima, en fin. Hacíamos tantas reflexiones sobre el país, que está jodido, que ni a Melgar se puede ir, que tanta maldad... Así pasamos la primera etapa del día, divagando, y pensando.

Por fin llegó *Gonzalo*, y apenas lo vi me dio mucho susto, porque con esa cara de "hijueputa" que tiene... Además, porque las veces que nos había hablado no había sido muy agradable. Le preguntó a JJ qué relación tenía con Huertas y JJ le dijo que amigos. Luego dijo que él ya sabía cositas –¡que susto! ¿Qué habría investigado?– y que sabía que JJ era extranjero nacionalizado aquí en Colombia (qué imaginación, todo por su tamaño y porque tiene un apellido raro). Nosotros le dijimos que estaba equivocado y JJ empezó a explicar que él era colombiano, pero que su abuelito, que era un aventurero europeo, llegó aquí hace muchos años, y que por eso tiene ese apellido. A Huertas le preguntó qué hacía, y Huertas le dijo que trabajaba en una empresa de electricidad y le mostró su tarjeta de presentación. No preguntó nada más. Sólo dijo: "usted se va, usted se va, y usted se queda" ¡Dios mío! ¡Se quedaba JJ!

JJ y yo le rogamos que no lo dejara, que ese apellido era del abuelo, que llevábamos un mes de casados (ese día cumplíamos un mes), y nos pusimos a llorar. Entre lágrimas le dije: "usted ya debe saber, nosotros sólo trabajamos en una empresa para comer y para vivir", inmediatamente el tipo dijo que eso que acababa de decirle le servía mucho, y que iba a ver qué tan importantes éramos. Me dijo que yo sería la encargada de negociar, y que tuviera cuidado con llamar al GAULA (organismo antisecuestro), que eso complicaba más las cosas. Y se fue. JJ y yo lloramos mucho, nos abrazamos muy fuerte, y nos dijimos cosas bonitas, que nos amábamos, que lo mejor que habíamos hecho era habernos casado. Le juré que lo iba a sacar de eso, y empezamos a planear cómo. Dijimos que con programas de televisión de deportes, que a través de País Libre (fundación antisecuestro), que llamamos a Arturo (un parapentista que tiene finca cerca de donde nos cogieron y a quien posiblemente conocen los guerrilleros), etcétera.

Poco a poco nos fuimos haciendo a la idea. JJ también me prometió portarse bien. En parte me empecé a sentir tranquila de poder ir a la casa, poder estar con mi familia y buscar apoyo. Esa tarde fue de planeación, promesas y espera para que nos soltaran. Los que nos cuidaban decían que ya pronto, por la tarde, vendrían por Huertas y por mí, para liberarnos. Aproveché la oportunidad para hablarles a *Norbei* y a *Caliche*, y pensé que de esa manera, ellos le harían llegar información al comandante. Entonces les decía entre charla y charla y esperando un poco de compasión, que JJ y yo éramos recién casados, empezando, sin prácticamente nada económicamente. Ellos me tranquilizaban diciendo que quien tuviera menos de 1.000 millones de pesos lo soltaban. Claro que *Caliche* nos empezó a asustar, nos decía que si la familia no pagaba, lo tenían a uno en la selva dos o cuatro años, y contaba sus cuentos de los "cuchos" (secuestrados) que él había cuidado. En resumen, esos locos a veces me asustaban y a veces me tranquilizaban. Y mi ansiedad me hacía ir hacia ellos a hacerles preguntas: "¿será que viene el comandante? ¿Será que vamos a otro sitio? ¿Será que ya nos van a soltar?" Siempre me respondían con cuentos inverosímiles o con un "no sé". Le pregunté a *Caliche* que por qué estaba en la guerrilla, y me respondió que porque a él siempre le había gustado la lucha, siempre había sido rebelde. También le pregunté lo mismo al *Loco* y me dijo que la esposa lo había abandonado, y él se había quedado solo, con una hija. Entonces le dio la hija a su suegra, y desesperanzado, se metió a la guerrilla. Traté de explicarles que lo que hacían ellos era desestabilizar, desmotivar a los empresarios y por lo tanto generar desempleo y pobreza, pero me di cuenta de que ni les importaba, ni querían poner atención. Simplemente ellos decían que luchaban contra los ricos y punto. No había más argumentos que los hiciera cambiar de idea.

Caliche me contaba que la guerrilla era muy buena, que les daba cursos, que por ejemplo él había llegado hace poco de un curso de computadores, que les ensañaban a leer y también inglés, después supe que eran puras mentiras. Hablaba de unos irlandeses que les habían enseñado cosas, no sé si eso sería verdad, pues en la noticias sí informaron acerca de unos irlandeses del IRA (Irish Republican Army) que iban a entrenar a gente de las FARC a la Zona de Distensión. (La zona fue entregada por el Presidente de la República Andrés Pastrana a los guerrilleros de las FARC como un gesto para comenzar negociaciones de paz, y constaba de miles de kilómetros cuadrados).

A mí me gustaba ir a hablarles a los guerrilleros, pues donde estaban ellos era más abierto, se divisaba un mejor paisaje y se veía la carretera. Ellos a veces me mandaban entrar de nuevo a los matorrales, pues los podían regañar por dejarnos asomar. Huertas no habló mucho en todo el día, y con los guerrilleros no intercambió palabra.

El día pasó, llegó la noche, no llegó nadie ni tampoco nos soltaron. A las seis de la tarde nos sacaron de ese matorral horrible, de ese monte húmedo, claustrofóbico, limitado y lleno de mosquitos. Ya era de noche. Salimos a la carretera y comimos en el platón de la camioneta un poco a oscuras. Con el alimento nos daban siempre tinto (una pequeña taza de café), ya frío. Nosotros pedíamos gaseosa y se demoraban mucho tiempo en traerla. Los que nos cuidaban nos empezaron a decir que ya nos íbamos para Bogotá, que habían pagado por nosotros 200 millones de pesos. Qué ansiedad, ¿sería verdad? Muy ingenua yo, pero tenía la esperanza de que fuera cierto.

Llegó mi Jeep con *Gonzalo* y arrancamos nuevamente, pero no precisamente hacia Bogotá, sino hacia el lado opuesto. Anduvimos como una hora y media, hasta que nos detuvimos en la mitad de una carretera, y ¡a caminar!

Atravesamos una cerca y caminamos como 10 minutos, sin ver mucho, pues sólo había una linterna pequeña; íbamos pisando charcos y barro, hasta que llegamos a una casita de madera, parecía abandonada. *Gonzalo* se fue (siempre se iba). Nos mostraron un colchón, nos dijeron que ahí podíamos dormir y que mejor pusiéramos encima los parapentes para que no nos picaran las pulgas ¡Menos mal los llevamos! Entonces un parapente enrollado fue la almohada, y el otro en parte cubrió el colchón, sus extremos fueron la cobija.

En ese momento ya creí definitivamente que no nos iban a soltar, y la ansiedad de qué iba a pasar con nosotros fue más fuerte. Ese maldito colchón estaba muy duro y nos tocó ponerlo horizontal para que alcanzara para los tres, por lo que nuestros pies quedaron descansando en el piso polvoriento. Cuando estábamos acostados, se escuchó que *Gonzalo* volvía, por lo que nos hicieron callar y nos hicimos los dormidos. Le alcanzamos a escuchar que decía que habíamos salido en televisión. Cada vez que ese señor llegaba, nos latía el corazón.

Finalmente, nos dormimos y al otro día nos despertamos adoloridos de la espalda.

Tercer día

La casa era de madera y estaba abandonada. Tenía dos cuartos, en uno se quedaron los guerrilleros y en el otro nosotros. Tenía una pequeña terraza en donde se divisaba un hermoso paisaje. Al principio estaba todo el valle tapado con niebla, luego despejó poco a poco, se veían las nubes al fondo como un tapete. Se despejó más y vi a lo lejos un pequeño pueblito. Me imaginaba corriendo hacia allá y llamando a mi casa.

Salió el sol ¡qué felicidad! Ya estábamos en una casa, no en un monte, y estábamos disfrutando el calor, en lugar de los mosquitos y la humedad de los matorrales. En la casa no había nada aparte de los colchones, un poco de loza desportillada y una Biblia descuidada y sucia, con las páginas dobladas y oliendo feo. Pero ¡ya teníamos algo que leer!

El desayuno lo trajeron dos guerrilleros que no habíamos visto. Uno de ellos no era tan feo, y me daba la impresión de nobleza. Entonces le pregunté cómo se llamaba y me dijo que *Manuel*. "¿Por qué está en la guerrilla?" Me dijo que por la pobreza tan terrible, que cuando uno tiene para comer, no tiene para vestirse. Me compadeció, y en ese momento hasta le dí la razón. El otro era un negrito con una cara de indígena increíble, que le decían *Cauca*.

Fui a hacer pipí a las matas, y me prestaron una "peinilla" (así le dicen ellos a los machetes) para abrir paso. Más tarde nos sentamos en el balcón de la casita, qué delicia, en una parte en donde llegaba el sol, y leímos la Biblia, escuchamos radio (en la emisora que ellos querían poner), nos quitamos los zapatos, colgamos nuestras medias, aireamos los pies y nos subimos los pantalones para asolear las pantorrillas. ¡Qué rico fue ese momento!

En la radio escuchamos las noticias y ¡sí, hablaban de nosotros! Que unos parapentistas habían sido secuestrados por el Frente 25 de las FARC por el área de Cunday. Sentí felicidad. Primero, por salir en la radio y segundo, lo más importante, porque nuestras familias por lo menos ya sabían qué había pasado. Todo el día con radio, qué bueno, escuchando Radiotolima, la emisora local. Hablamos un poco con los guerrilleros, leímos la Biblia, murmuramos un rato acerca de la posibilidad de que nos soltaran, por alguna razón no nos habían soltado antes, y no nos habían llevado tan lejos; tomamos el sol, y así se paso el día.

Norbei, el jefe de los que nos estaban cuidando, a cada rato hablaba por celular y por radio, y le dictaban códigos de tarjetas prepagadas de celular para que recargara su teléfono. Nos preguntamos por qué hablaban tanto, ¿no los descubren? O por lo menos ¿por qué el ejército no identifica los códigos de las tarjetas y las graban en otro celular, y los bloquean? ¿No hay bloqueos de comunicaciones? Esas eran nuestras preguntas.

Con Huertas que era el más ubicado geográficamente, hablábamos de donde podíamos estar, pues viajando de noche nada se veía, excepto luces, como si fueran pueblitos, y un resplandor grande al fondo, ¿sería Ibagué? Hablamos de todas las antenas que vimos en nuestro trayecto y nos quejamos de las empresas de celulares, ¿por qué los guerrilleros se comunican tan fácil? También hablamos sobre el país, ¡qué decepción!

Escuchamos por radio mensajes para los secuestrados, pero JJ hizo cambiar la emisora porque se deprimía. Al final del día *Manuel* y *Cauca* nos trajeron la comida; empezó a oscurecer, pero no nos acostamos porque dizque nos íbamos. Pero nada que llegaban, ni avisaban, ni nada pasaba, y ya estábamos cansados. Entonces nos dijeron que nos acostáramos, y preciso cuando ya nos estábamos durmiendo, se oyó un pito, y que apuren que nos vamos ya, y párese y doble parapentes y alístese a caminar otra vez en lo oscuro por todos esos charcos hasta el carro. Nos robamos la Biblia y la guardamos entre un parapente. Cuando llegamos a la carretera vi mi Jeep, pero inmediatamente nos metieron en la camioneta roja de siempre. A Huertas le pareció ver otro secuestrado... Arrancamos.

Paramos en un caserío, no había nadie en la calle a esa hora. Subimos una colina y parqueamos en un potrero. Caminamos un poco y llegamos a una casita. Parece que *Gonzalo* iba con alguien secuestrado, no pudimos verlo bien. Se veía una laguna, golpeamos en la casa, pero no abrían. *Gonzalo* dijo entonces que se iba con la viejita (el otro secuestrado) para otro lado, no la podíamos ver por la oscuridad, y estaba tosiendo mucho. Por fin abrieron la casa, nos dijeron que nos acomodáramos en un cuarto pequeñito lleno de cosas, con costales de grano y herramientas. Ahí no había colchón, ni cobijas, ni cama; a duras penas un pequeño espacio en el suelo, en cemento, donde nos tocó extender los parapentes y dormir sobre ellos (benditos esos parapentes y también nuestros overoles térmicos), aguantando la dureza y el frío del cemento.

Cuarto día

Nos levantaron bruscamente, como siempre, esta vez no tan temprano. Estábamos muy adoloridos de la espalda, por el piso frío y duro, pero bueno, dormimos. *Gonzalo* entró al cuarto y nos preguntó qué necesitábamos. Le pedimos jabón, JJ le pidió unos sacos para el frío, yo le pedí shampoo y toallas higiénicas. También nos preguntó las tallas de ropa para darnos otra muda. Él tomó nota en un cuaderno.

Salimos del cuarto y nos dieron desayuno: chocolate con arepitas, estaba muy sabroso. Creo que las cocinaron los guerrilleros que nos cuidaban. Parecía que hubieran dormido ahí en la cocina, que era un ranchito de paja, sin piso pero con tierra. La casa era humilde, tenía en el techo adaptadas unas láminas metálicas para secar café. El lugar era de un campesino, viejito y sordo, y por eso la noche anterior casi no nos abre la puerta. Tenía el pelo blanco y los ojos verdes, hasta me hubiera parecido tierno si no es porque estaba apoyando el secuestro, aunque sentí pesar por su pobreza y su sordera. Ahí también había otro guerrillero, que nunca volví a ver, no sé si era hijo del viejito, pero parecía como si viviera allí. No era nada tímido y tenía una cara de "hijueputa" terrible.

El ambiente estaba fresco, disfruté al respirar el rocío y el aire puro. Ahí hacía más frío y el paisaje era muy bonito, se veía una laguna al fondo, grande, claro ¡la represa de Prado! Lo murmuramos entre los tres. En esa finca había baño con inodoro (¡qué bueno!) y había agua limpia. Nos dijeron que íbamos a hacer una caminata, que nos preparáramos, pero que primero iban a llamar a nuestras casas. *Gonzalo* preguntó el teléfono de JJ. Llamó y mientras contestaban, nos preguntó qué familia era, y yo inmediatamente le dije que García, el segundo apellido de JJ (como para ir sacando de este cuento el maldito apellido de JJ y a su papá). Contestó el hermano, que no tenía ni idea de qué decir, y entonces dijo que lo llamaran en una hora, ¡ja! ¿Para qué? Luego siguió con mi familia. Me dejó hablar con mi mamá, ¡qué dicha! Antes de todo le dije: "perdón por no hacerles caso". Ella me preguntó si estábamos bien, y luego comenzó a hacerme preguntas que me pusieron nerviosa, pues *Gonzalo* estaba al lado mío. Que si estaba lejos o cerca, que por dónde, pero yo no le podía responder, por lo que le decía todo el tiempo:

"sí, sí, estamos bien". Entendió y agregó: "si estás lejos di uuuf" y así hice. En ese momento *Gonzalo* me pidió el teléfono, habló con mi mamá. Le dijo que eso era una situación económica, que no negociara si no había pruebas de supervivencia y que la llamaría para hablar de cifras y negociar nuestra liberación. Luego siguió con Huertas, pero el burro no se sabía los teléfonos de nadie. *Gonzalo* no le creyó y se puso muy bravo, le dijo algo como "es mejor que se acuerde o si no yo se los hago acordar a la fuerza". A Huertas le tocó llamar a la oficina, a su secretaria, y pedirle el teléfono de su hermano. Creo que lo llamaron pero no estaba. Quedé muy contenta de haber podido hablar con mi mamá, y que supiera que estábamos bien, aunque un poco frustrada por no haberle podido decir lo que yo quería, (que estuviera tranquila, que íbamos a estar bien, darle alguna pista de dónde estábamos, y contarle lo que había ocurrido).

A Huertas y a mí nos dieron botas de caucho, por lo que abandoné mis otros zapatos. Llevamos nuestros overoles, otro saco y nos alistamos para caminar. Pasamos por donde estaban los carros y, muy de buenas, *Caliche* sacó de mi Jeep una cachucha para mí. JJ y Huertas también tenían las suyas. Le pregunté a *Gonzalo* si podía sacar el bloqueador solar, y me respondió: "no más 'aparatos' de esos" (qué bruto, ¿no?).

Hasta ese día vimos los carros y los parapentes, que ya eran muy pesados para la caminata que emprendíamos.

Comenzamos el trayecto, cerca de las nueve de la mañana. Yo estaba entusiasmada, como si fuera un paseo. Había un sol muy bonito, pasamos por un río con un puente colgante y por unas piedras grandísimas. ¡Qué paisaje tan lindo! Nosotros íbamos acompañados de *Caliche*, de *El Loco*, de *El Chulo* y de *Norbei*. Más atrás iba *Gonzalo* con el otro secuestrado: sí, era una viejita que estaba montada en un caballo.

Más tarde pasamos por un pequeño bosque húmedo con florecitas (creo que se llaman María Helenas) y con unos árboles muy grandes. Yo disfruté mucho ese paisaje. Como los de atrás iban más despacio, de vez en cuando nos tocaba parar a esperarlos, pero nos hacían arrancar un poco antes para que no pudiéramos ver a la viejita. Al rato llegamos a unos potreros grandes, que tuvimos que bordear para no ser vistos. Vimos un helicóptero. Yo en mis fantasías pensaba que ojalá nos vieran y avisaran a las autoridades. Los guerrilleros decían que ese helicóptero era de las FARC, que iba para el campamento, y que nos iba a arrojar comida (siempre con mentiras, yo creo que era de una petrolera).

Caminamos unas dos horas hasta que llegamos a unos matorrales donde nos hicieron entrar. También llegó la viejita, pero no la dejaban hablar con nosotros. *Gonzalo* se fue. Poco a poco fuimos cogiendo confianza y pudimos hablar un poco con la señora. Se llamaba la señora Lina, o así le decían los guerrilleros. Ella hablaba mucho con *Caliche*. Los matorrales estaban llenos de mosquitos, que nos tenían desesperados, pero la señora Lina tenía repelente y nos regaló un poco. No pudimos hablar con ella de lo que hubiéramos querido, pero le dijo a Huertas que estaba adolorida, pues la habían dejado caer del caballo.

Más tarde llegaron con el almuerzo. Aparecieron *Manuel* y *Cauca*, los fieles acompañantes de *Gonzalo*, con unas ollas grandes, sudando. Una olla tenía pollo, arroz y papas, la otra tenía Fresco Royal ¡Qué rico! Teníamos mucha sed y mucho calor. Nos quitamos los zapatos y las medias y las pusimos al sol para secarlas porque estaban sudadas. A veces nos salíamos del matorral al potrero para asolearnos, pero los guerrilleros nos decían que teníamos que estar alertas cuando llegara *Gonzalo*, ya que no podíamos estar afuera. Tampoco podíamos hablar con la señora Lina. Nos dijeron que dizque la mujer era la mamá de *Gonzalo*, que la "cucha" vivía en los Estados Unidos y había venido a visitar a su hijo, y que le encantaban esos paseos. Que era muy hábil y le gustaba la política. La viejita hablaba de la situación del país con *Caliche*. Yo hasta me creí el cuento, lo mismo que el del helicóptero, el de los cursos de inglés y de computador ¡Qué ingenuidad!

Estuvimos mucho ahí y *Gonzalo* nada que llegaba. Yo todavía no captaba que lo que siempre esperaban para arrancar era que oscureciera, para que no nos viera nadie.

Alrededor de las seis de la tarde llegó *Gonzalo*; nos hicieron caminar. No se veía nada y había charcos; pasamos un potrero y llegamos a un caserío. Ahí nos estuvimos un buen tiempo; se veía una tienda, donde había un televisor. Los guerrilleros nos preguntaron si queríamos algo y pedimos gaseosas. No nos dejaban acercar mucho a las casas ni a la tienda, así que ellos nos llevaron lo que pedimos. Estuvimos largo rato parados al lado de una camioneta. Hacía frío, la noche estaba despejada, muy bonita, se veían todas las estrellas.

Huertas nos explicó cómo ubicarnos según las estrellas, así supimos que íbamos hacia el sur. Por fin nos subimos a la camioneta. *Gonzalo* se subió adelante, no sé con quiénes, pero iba también una señora rubia (¿sería una secuestrada? ¿su novia?) A nosotros, con todos los guerrilleros y con la pobre viejecita, nos dejaron en el platón. Todos estábamos incómodos, había unas pocas cobijas que nos sirvieron para protegernos del frío. La camioneta paró en un lugar donde se quedó *Gonzalo* con la señora Lina, y como que con la otra posible secuestrada... No sé. Nosotros seguimos y por fin paramos en una esquina cualquiera. Allí había una casita de barro abandonada, con tejas metálicas oxidadas y llenas de huecos. Nos dijeron que ahí dormiríamos. Había dos colchones: uno para los cuatro guerrilleros que nos cuidaban, y otro para nosotros tres. Había dos cobijas, nos dio lástima y les dimos una a esos cuatro. Nos acostamos en el colchón y yo me hice en la mitad. La cobija no era suficiente para los tres, esa noche hizo mucho frío, por lo que no dormimos muy bien. A veces Huertas acaparaba la cobija, a veces JJ, y cuando los dos lograban tener un pedazo, quedaba tan templada que no alcanzaba a cubrirme y se me colaba todo el frío por el medio. Se veía el cielo por entre los rotos del techo, menos mal no llovió.

Quinto día

Nos levantamos adoloridos otra vez, nos quejamos de la cobija, y de lo pequeña que era. Salimos de la casita y nos sentamos al sol. Había gallinas, pollitos, matas de café y de plátano. Dos guerrilleros se fueron a buscar desayuno a la casa vecina. Nos dieron unas arepas con queso deliciosas.

Ya habíamos entrado en confianza con ellos y nos hacían chistes, a mí me decían Carito, porque oían a JJ llamarme así. Se veían unas campesinas a lo lejos; los guerrilleros molestaban y decían: "están buenas, una así para JJ".

Estuvimos asoleándonos bastante tiempo. *Caliche* y *El Loco* se fueron a buscar una casa en donde quedarnos, les habían hablado de una que dizque tenía agua y baños. Esperamos, y llegaron como a la hora sudando, pero con buenas noticias. Partimos. Caminamos más o menos media hora, por ahí ya no había trocha para carros, sólo pequeños caminos.

Llegamos a la casita, era bonita comparada con todos los otros lugares en los que habíamos estado. No se veía abandonada, pues tenía camas, cobijas (sucias), loza, en fin, todo. Pero sí estaba mugrienta y llena de tierra y polvo. Tenía una cocina, un baño y dos habitaciones, una sería para ellos, la otra para nosotros. En el pasillo había un cuadro del Sagrado Corazón y una figura de la Virgen.

Qué dicha podernos bañar después de estar seis días con la misma ropa, sucia y sudada. Nos asignaron un cuarto, tenía una cama pequeña para Huertas y otra un poco más ancha, donde estaríamos JJ y yo. Se veía un armario viejo.

Más tarde llegó un guerrillero, le decían *El Nuevo*, con unos costales. Traía mercado y otras cosas. Nos entregaron toallas (tan pequeñas como para secarse las manos), una muda de ropa, dos juegos de ropa interior, medias, dos cobijas y chaquetas. Nos reímos un rato, pues *Gonzalo* no tiene muy buen gusto: la camisa de JJ era azul de flores grandes y el pantalón, morado; el de Huertas parecía de puro campesino. Mi *brasier* era de color carne y los calzones eran azules de encaje, casi transparentes.

Pudimos bañarnos, qué rico, los guerrilleros también se limpiaron. Nos burlamos de Huertas cuando salió en su pequeña toalla, todo blanquito y flaquito. El baño tenía una manguera que traía un chorro de agua de un río cercano, y había inodoro, ya no más monte. Los guerrilleros hicieron el almuerzo, barrieron el polvo y la tierra de la casa, sacaron un colchón al pasto y ahí se acostaron a tomar el sol. Nosotros sacamos la Biblia, nos pusimos a leer y a murmurar sobre nuestro posible futuro, sobre los que nos cuidaban, sobre dónde estábamos, y sobre el país, como siempre.

En la tarde tendimos las camas con nuestras cobijas nuevas y nos acostamos a dormir, felices de estar limpios, con ropa nueva, frescos.

Esta casa, era la casa de Polo, un señor campesino blanco, flaco, de bigote, al que no vimos mucho. Tenía unos cultivos de café y regularmente iba a revisarlos; él les prestó esta casa a los guerrilleros, creo que tenía otra casa en el pueblo donde vivía.

Capítulo 3

La casa de Polo

Amaneció. Primer día en una cama con un colchón aceptable, con cobijas limpias y nuevas. Nos despertaron para el tinto, nos lo llevaron al cuarto y más tarde nos llamaron a desayunar. Esa noche, como todas las siguientes, nos encerraron, le pusieron un candado a la puerta y nos dijeron que si necesitábamos ir al baño, que avisáramos.

El desayuno fue abundante. Salimos, nos asoleamos y nos pasamos casi todo el día recostados en una pequeña piedra, lo suficientemente cerca para que nos vieran los guerrilleros, pero lo suficientemente lejos para que pudiéramos hablar sin que nos escucharan. Caminamos por detrás de la casa, pero a los guerrilleros les disgustó no vernos, y nos dijeron que no nos fuéramos por allá, que debíamos estar siempre visibles. Ellos llevaron una grabadora (¡qué rico!) y pudimos escuchar radio. Pedimos noticias, y nos pusieron Radiotolima, la emisora local que sólo pasa noticias del departamento.

A las 11 y 30 de la mañana nos llamaron a almorzar y nos sirvieron mucha comida: eran frijolitos con arroz, plátano maduro y agua de panela. Estaba muy rico, lo había hecho *El chulo*, que era experto en hacer fríjoles. El día pasó tranquilo, nos bañamos por la tarde y a las cinco nos llamaron a comer; también estaba abundante: papa, yuca, arroz, garbanzos y agua de panela. Casi siempre dejábamos comida, por lo que la botábamos en una llanta vieja, a donde llegaba un burro a comerse todos los sobrados.

Los otros días en la casa de Polo

El segundo día amanecí llorando. Estaba muy triste, sin saber qué pasaba, qué pasaría, extrañaba a mis papás, a mi familia. Al poco tiempo me pasó la tristeza, igual, no había nada que pudiera hacer al respecto.

En la casa de Polo se armó una rutina: nos despertábamos y desayunábamos cuando nos llamaban, a veces nos devolvíamos a la cama a hacer pereza o salíamos a tomar el sol en la piedrita de siempre. Ahí cerca había un árbol de naranjas. JJ arrancó naranjas para comer, hasta que el árbol quedó sin frutas maduras. Descubrimos otro árbol en la frontera de la finca vecina, pero, como quedaba lejos, nos tocaba pedir permiso para ir a bajar unas cuantas. Leíamos la Biblia y varias veces subíamos y bajábamos la colinita frente a la casa, a veces durábamos más de una hora caminando; también nos limpiábamos y lavábamos la ropa, otros días no nos bañábamos por el frío. Había unos pavos horribles, a veces los remedábamos, a veces los molestábamos. También había gallinas y unos pollitos; JJ sacaba maíz de un cuarto que quedaba al lado de la cocina para alimentarlos.

Un día en esas pequeñas caminatas hablamos de la situación del país y de la situación del secuestro, siempre charlábamos de lo mismo ¡Tres mil secuestrados en el país! Eso es el colmo. Estaba mal que no hubiera una política de estado contra esto, que no se estuviera combatiendo realmente a la guerrilla, que muchas empresas y mucha gente, en lugar de denunciar, alimentaran a estos bandidos pagando extorsiones, etcétera. Entonces JJ dijo que cuando nos liberaran, nos teníamos que ir de Colombia, que estaba corrompida. Me puse a llorar y discutimos por eso, porque en el fondo yo pensaba que al fin y al cabo es nuestro país, donde quiero vivir y por el que quiero trabajar y luchar.

Al principio hablábamos con los guerrilleros, pero poco a poco nos fuimos alejando de ellos, en parte porque Huertas me decía que yo qué iba a hablar con esos "hijueputas", en parte porque me di cuenta de que no tenía sentido hablar con ellos: ya sabía que lo que decían eran mentiras, que ideales no tenían y que, por su ignorancia, no eran muchos los temas que se podrían tratar. De eso me comencé a dar cuenta un día en que JJ le preguntó al *Chulo* quién era Simón Bolívar, y le dijo que era un conquistador muy famoso... Los tipos tenían un librito del reglamento de las FARC (el cual luego Huertas leyó y dijo que era una copia idéntica a la del ejército) y duraban horas leyéndolo, pues su rapidez era como la de un niño aprendiendo a leer. Eso me sorprendió.

Con el paquete de cobijas nos habían entregado unas revistas de actualidad; con eso nos entretuvimos un rato. Los guerrilleros tomaron unas y se demoraron una cantidad leyéndolas, dada su poca habilidad para la lectura. Ellos sacaban su colchón al sol, se tiraban ahí, y a veces uno de ellos les leía a los otros. El radio lo tenían ellos acaparado. Una vez de casualidad escuchamos los mensajes para los secuestrados y preciso estaba hablando María, la novia de Huertas; luego habló Ángela, nuestra socia y amiga del evento de parapente. No me acuerdo qué dijeron, me imagino que nos dieron ánimo. Cuando les pedíamos noticias ponían rancheras o música carrilera o nos decían: "mire, ahí les ponemos" y sintonizaban Radiotolima, en donde las noticias son demasiado locales. Entonces sale la señora del barrio Modelia de Ibagué quejándose de que no tiene agua, o un viejito reportero del pueblo de Venadillo informando que los tamales del Bingo del colegio de las niñas estaban dañados o que en Alvarado se están robando las bicicletas. Una vez escuchamos que habían secuestrado a un arrocero en El Espinal y que los responsables parecían ser del Frente 25 de las FARC. Las noticias en esa época de lo único que hablaban era de la sede de la Copa América de fútbol en Colombia, y de nuestro idiota presidente Pastrana que estaba más preocupado por esa bendita copa que por la situación del país.

Dado que comíamos tan temprano, a las siete de la noche ya estábamos en la cama. A mí hasta gusto me daba, por lo menos estábamos durmiendo bastante, aunque sea había que aprovechar eso; dormíamos casi 12 horas, ya en el trabajo nos tocaría volver a la normalidad. Pensé que era muy raro que extrañara todo, excepto el trabajo….

En las noches nos quedábamos ahí con la luz de la vela, a veces rezando, a veces pensando, a veces murmurando y a veces escuchando lo que los guerrilleros hablaban. Me daba miedo dejar la vela mucho tiempo prendida, pues veía pasar las cucarachas por la pared. Al final ya se estaban acabando las velas, tocaba ahorrarlas, por lo que nos quedábamos a oscuras. Una vez entré al baño, y vi que al *Nuevo* se le había olvidado una granada al lado de la tasa del inodoro. No tuve otra idea diferente a decirle que la había dejado. Luego lo comentamos entre nosotros, un poco imaginando, qué bueno hubiera sido botársela a ellos y salir corriendo. ¿Y qué tal que no funcionara? ¡Nos dispararían! Huertas había visto un veneno. Qué bueno hubiera sido echárselo en la comida, pero uno no es capaz de eso... También nos imaginábamos escapándonos, en un momento en que no estuvieran los seis guerrilleros que nos cuidaban (*Norbei, Caliche, El Chulo, El Loco, El Nuevo* y *Arley*). Huertas decía que si estuviera solo ya se hubiera ido, pero que con tres personas era muy complicado. JJ le decía que no, que nos fuéramos. Pero todos estos comentarios se nos quedaban en fantasía.

Muchas veces nos aburríamos de no tener nada que hacer. Yo barría el cuarto de nosotros, que por debajo de las camas tenía un basurero completo. O barría el polvo que le entraba a la casa, a la cocina, y bueno, a mi me gusta barrer. Una vez los guerrilleros dijeron que tocaba hacer aseo general y sacaron escobas, traperos, etcétera. Lo dijeron como para que nosotros también ayudáramos, pero nos hicimos los locos y nos fuimos a nuestra piedra. Ellos cocinaban y se turnaban: uno el desayuno, otro el almuerzo, otro la comida. Nosotros a veces lavábamos cada uno su loza, a veces solamente la entregábamos.

El jefe de los seis que nos cuidaban era *Norbei*, quien le reportaba a *Gonzalo*. Como en la casita donde estábamos no entraba ni radio ni celular, a veces él se iba hasta el filo de una montaña que teníamos relativamente cerca a reportarse. Él siempre tenía tema para entretener a los otros, y era quien les leía. Una vez escuchando lo que ellos conversaban por la noche, *Norbei* contaba que se estaba comiendo (acostándose) a la novia de *Gonzalo*. Contaba acerca de una camioneta que se había robado de la petrolera de Melgar, y de cómo extorsionaba a la gente de Icononzo. Hablaba del robo de unas motos en un pueblito, pero que él solamente se las robaba a los ricos (pero los pobres son generalmente los que tienen motos, ¿no?)

El Loco era el único blanquito, el más callado. Nosotros decíamos que de pronto él no era tan malo, pues cuando todos hablaban de sus picardías, el siempre estaba callado. Nunca decía groserías y era muy tranquilo, por lo que concluimos que hasta de pronto ni le gustaba lo que estaba haciendo. Además nos daba pesar, por su historia acerca del abandono de su esposa. Hasta que una noche de esas en que poníamos la oreja en la pared, *El Loco* contó su cuento, y resultó ser el más depravado de todos. Decía algo acerca de una mujer, que él la había violado y luego la había matado con un machete.

El Chulo era como chistosito, se reía por todo y siempre estaba de buen genio. Cocinaba muy sabroso, sobretodo los fríjoles. Era muy ignorante, a duras penas sabía leer (igual que los otros).

Caliche era el más joven, decía que tenía 18 años, aunque su bigote lo hacía ver un poco más viejo. Me caía mal, no sé por qué. Decía que dizque tenía una enfermedad y mandaba a que le llevaran Terramicina. Yo me preguntaba si no tendría una enfermedad venérea, qué susto. Era abusivo, a veces cogía mi cachucha y se la ponía; una vez me pidió prestado el overol mientras lavaba su ropa pues ellos no llevaban mudas. Pero el verraco se quedó con eso como tres días y me lo devolvió sin lavar (*Norbei* también le pidió a JJ un pantalón, pero se lo entregó lavado tan pronto se le secó su ropa). Como a veces a ellos les tocaba ir al pueblo por mercado, o por mandados, el tipo se iba a lucir mi overol, por lo que además me lo pasó todo sudado, ¡qué asco!

Con Huertas y con JJ concluimos que *Caliche* era el típico creído que estaba en la guerrilla por ostentar y darse un poco de importancia, por generar respeto (o más bien miedo), por ser reconocido en un pueblo o por atraer mujeres por el simple hecho de tener un fusil. Se le notaba porque al salir para el pueblo iba muy orgulloso con mi overol, por los tatuajes mal hechos que tenía en su mano y por las pulseritas de cuero que se ponía. Él decía muchas mentiras, demasiadas, hablaba de los "cuchos" que cuidaba, de las novias, de las brujas; la mitad de eso, pura fantasía. Me pidió que le regalara el overol, y yo le dije sabiendo que nunca lo haría, que cuando me liberaran se lo daría.

El Nuevo a veces me daba miedo. Era de aquellos que les gustaba matar, me daba la impresión de que era un asesino. Creía que porque tenía un arma o una granada tenía el poder en sus manos. Eso creen los jóvenes sin mucha educación: que con un arma, tienen reconocimiento. Entonces él decía en voz alta, como para que nosotros oyéramos: "estoy que disparo este fusil". O decía que le quedaban tres balas y que "tres pa' tres" (nosotros tres). Nosotros no le poníamos atención (a Huertas esto le daba mucha rabia, y decía: "qué tal el 'hijueputa'"). Tenía camisetas ajustadas de manga muy corta y se creía Rambo. Tenía un cuaderno, que después leímos; era de cosas de la guerrilla, del reglamento, y había unos dibujos de diferentes posiciones de helicópteros explicando cómo dispararles. Decía que prefería estar en un campamento y no allí de miliciano, que no le gustaba. Que antes era miliciano, pero que habían matado a todos sus compañeros y que ahora quería cambiar de lugar. Le preguntamos que por qué estaba en la guerrilla, y dijo que se había aburrido en Ibagué. Que él trabajaba en la defensa civil, pero que no le pagaban nada, ni el transporte; que además se dio cuenta de que se robaban el dinero y eso no le había gustado, por lo que decidió entrar a las filas. A él lo habían herido en combate; cerca al coxis le había entrado una bala y casi se muere. Estuvo un tiempo en el hospital de Ibagué y luego se recuperó. Yo pensaba "por qué no lo había matado esa bala". Huertas después nos contaba que esos eran los efectos de humanizar la guerra, pues el ejército había cambiado las balas, las cuales ahora no mataban sino que herían.

El último de los guerrilleros era *Arley*, un tipo que llegó al final; blanco, feo, callado, de bigote, un poco más viejo que los otros. Casi no nos hablaba, era como tímido y no tenía la confianza que habíamos adquirido con los otros, por haber llegado después.

Ellos tenían sus cuentos raros; cuando sonaba en el radio alguna canción de Shakira, inmediatamente alguno de ellos decía "esa 'hijueputa'" y cambiaba la emisora. Luego nos explicaban que es que Shakira estaba ofreciendo tres millones de pesos por cada guerrillero muerto y que ella era paramilitar. Hablando entre nosotros tres concluimos que es una forma en que la cúpula manipula a sus hombres para evitarse esos "vicios" y más bien lograr que escuchen su música revolucionaria. De hecho dizque les prohíben escuchar carrileras y vallenatos, a menos de que sean los que tantas veces oímos en la camioneta roja (vallenatos revolucionarios).

También decían que tenían prohibida la Coca-Cola. No sé por qué; a ratos decían que era la bebida de los ricos, pero después decían que es que esa empresa no colaboraba con el movimiento. (Al principio, cuando ingenuamente me creía todo lo que me decían, pensé que la razón era que la Coca-Cola es una bebida de los jóvenes oligarcas, y muy internacional, seguramente prefieren tomar Colombiana, pero más tarde, y compartiendo las teorías entre los tres, llegamos a la conclusión de que seguramente en esa zona Coca-Cola no paga "vacuna").

La comida era relativamente buena y abundante; en esa época comí con gran gusto. Hubo un día en que nos dieron algo diferente: ¡cuajada con melado y avena! Pero preciso ese día estuve con diarrea y no pude comer casi. Yo creo que fue ese *Caliche* que cocinó, y seguro no se lavó las manos. Entonces me dieron media pastillita de Terramicina para que me la chupara y me pasó. Una noche *Gonzalo* llevó carne. Nos la dieron al desayuno, al almuerzo y a la comida, toda tostada y llena de aceite, pero bueno, al fin y al cabo carne. Uno que otro día nos dieron agua de panela con leche, o avena. Ellos iban a pie por leche, a otra finca cercana en donde se las regalaban (¿les tocaría regalarla? O eran auxiliadores de la guerrilla...)

Esa noche que llegó *Gonzalo* nos dijo que ya había hablado con nuestras casas, que dizque mi mamá le había dicho un poco de groserías, que estaba como brava, pero que la cosa iba bien. Que la mamá de JJ le mandaba saludos y que lo quería mucho. Esa noche, escuchamos a *Gonzalo* decirles a los otros que nuevamente habíamos salido por televisión y que los parapentistas habían hecho una protesta volando con pañuelos blancos. A menudo nos preguntábamos si nos irían a soltar, pues ya llevábamos varios días en esa casa (en total duramos diez días allá).

Además los guerrilleros nos decían que cuidarnos no era su trabajo usual, que ellos eran milicianos. Cuando les preguntaba qué hacían, me decían que estar en los pueblos. Por eso nos parecía extraño, y pensamos que de pronto estaban negociando rápido con nuestras familias.

Un día llegó *Norbei* a preguntarle a Huertas que en qué colegio había estudiado. Era una prueba de supervivencia.

Nos enteramos de que estábamos en la casa de Polo una vez que llegó una viejita a la piedra donde nos sentábamos a preguntar por Polo. Le dijimos que no estaba. Me dieron muchas ganas de decirle que avisara que estábamos secuestrados, que nos salvara, pero los instantes de tiempo pasan muy rápido como para saber qué es lo correcto. Luego los guerrilleros la vieron y ella se dirigió hacia ellos. Un día llegó otra señora, con el niño Polo el hijo del dueño de la casa, y otro niño. Ese día llovió, y estaban todos mojados. Ella fue como a recoger ropa, pero tal vez era un pretexto, así me pareció. Se acercó a nosotros y nos prestó un libro, estaba un poco nerviosa. El libro era de autoayuda, de cómo superar las crisis y los problemas y se llamaba "la paz interior" o algo parecido. En ese instante tuve la esperanza de que esa señora avisara algo, pero Huertas me decía que no fuera ingenua que lo único que se le había ocurrido a esta vieja "hijueputa" era habernos regalado un libro. Buscamos en las páginas para ver si había algo más, pero no, sólo era un libro. Esculcando en el armario que estaba en nuestro cuarto nos enteramos de que ella era la esposa de Polo, que se llamaba Alba y era profesora de escuela. En un cuaderno entre sus notas decía: "estoy mamada en este pueblo de mierda". También nos enteramos de que ellos pertenecían a una junta comunal y que nos encontrábamos en la vereda El Carmen, Municipio de Dolores, Tolima.

En ese lugar pasamos diez días de tranquilidad, de aburrimiento, de reflexión. El penúltimo día nos dijeron que no laváramos ropa, que muy posiblemente nos iríamos. La ansiedad de no saber qué pasaría con nosotros comenzó nuevamente...

Penúltimo día en la casa de Polo

Ese día nos hicieron madrugar. Iban a ir trabajadores a recolectar café y no nos debían ver. Por eso nos llevaron el desayuno a la cama; no podíamos salir del cuarto, nos dijeron que sacáramos lo necesario y nos fuimos.

Nos hicieron ir a unos matorrales vecinos a escondernos. Pusieron un plástico negro y ahí nos sentamos. ¡Qué aburrimiento! Nuevamente escondidos. Yo estaba incómoda, pues no me había bañado el día anterior y ya estaba sintiendo los cólicos del periodo. Por el suelo tan frío me dieron más fuerte, y la incomodidad, más la incertidumbre, más el periodo, más los cólicos, me hicieron llorar. Estaba desesperada. Me tocó decirle a *Arley* que me trajera las toallas higiénicas del cuarto y pedirles a los guerrilleros que me consiguieran Buscapina para los cólicos. Eso sí estuvieron muy acomedidos, pues me llegaron las benditas pastillas por dos lados diferentes.

Lo único que se podía hacer en esos matorrales era hablar, recostarse, dar una vuelta muy pequeña, como para orinar, y ya. Ese día hablamos mucho con los guerrilleros, de bobadas. Hablamos de las brujas. Ellos tenían muchos cuentos extraños con eso. Uno decía que una vez iba un grupo de guerrilleros por un camino por la noche y que comenzaron a caer piedras del cielo, que eran esas "hijueputas" brujas. Que uno de los guerrilleros las desafiaba y entonces más piedras les caían, y que el que más las desafiaba resultó descalabrado. El otro decía que las brujas eran señoras vecinas, que por la noche se convertían en brujas y salían a volar. Que para combatirlas lo único efectivo era leer el salmo 91, o dejar aceite caliente para que se quemaran. Y que una vez descubrieron que la bruja era una vecina, pues había aparecido con toda su boca quemada, después de que le dejaran la trampa de aceite. Otro decía que esas salían por la noche a molestar, a asustar y a pegarle a los techos de las casas. También contaron cuentos del monte. Que hay un pájaro, la pava, que cada vez que aparece hace perder a la gente. A uno de ellos una vez le pasó, vio una pava, la siguió un poco para cazarla, y cuando se dio cuenta estaba totalmente perdido y no pudo salir del monte sino hasta por la noche.

Nos hablaron del lugar a donde iríamos: los campamentos. Que eso allá era otra cosa. Que la comida era mucho mejor, que allá le daban a uno ensalada de frutas, que íbamos a estar con otros "cuchos", que allá había peluqueros, médicos, enfermeros y que todo estaba muy bien organizado. Yo me imaginaba el campamento bajo selva o árboles grandes, construcciones en cemento, tal vez casitas, con un ejército bien organizado de guerrilleros, con varios secuestrados con su cama, como en la casa de Polo, y con un personal de soporte, con enfermeros y todo lo que ellos decían.

Nos trataron bien ese día, a lo mejor por lo que sabían que estábamos prontos a partir. Como si fuera un almuerzo de despedida, nos llevaron en ollas ¡sancocho, con carne! Qué rico estaba.

La tarde pasó, sin mucho movimiento. Pedí permiso para ir al baño, obviamente a las matitas, y me encontré con uno de los recolectores de café que se veía al otro lado de la cerca. Yo creo que varios de ellos sabían lo que ocurría con nosotros, pero seguro, por miedo o por lo que fuera, no decían nada. Por fin llegó la tarde, a las cinco nos sacaron de las matas, ya cuando los trabajadores se iban.

El día siguiente sería lo mismo, por lo que las esperanzas de poder bañarse y estar nuevamente tan cómodos como antes eran nulas. Ese día escuchamos hablar a *Gonzalo*; estaba muy cerca de nosotros pero no nos puso la cara. Simplemente habló con *Norbei*. Más tarde, en la casa, nos entregaron unos plásticos negros grandes y unas botas de caucho para JJ (el único que no tenía, seguramente por su talla grande habían sido difíciles de conseguir). Eso también era signo de partida. En la noche hablamos de cuál sería el siguiente paso, sentíamos que estábamos jodidos. Cómo no sentirlo, si al otro día nos íbamos a un campamento... Quizá la demora en la casa no era la rápida negociación que nos estábamos imaginando, sino las botas de JJ. Nos acostamos a dormir, un poco intranquilos. Ésta sería la última noche en la casa de Polo. Al día siguiente comenzaría la caminata hacia el famoso campamento.

Capítulo 4

La partida

Despertamos temprano; nos llevaron el desayuno a la cama para que los trabajadores que entraban en ese momento no nos vieran. Hacía rato que no nos daban ni arepa, ni chocolate, y como para darnos la despedida, ese fue el desayuno. Nos dijeron que alistáramos todo, que nos íbamos, entonces metimos en los costales donde nos habían entregado las cosas todo lo que teníamos: cobijas, chaquetas, overoles, revistas, papel higiénico, en fin, todo. Yo comí despacio, pero me empezaron a acosar y no pude terminar mi arepa. Dejé un pedazo.

Salimos cerca de las siete y media de la mañana. Llegamos otra vez a la casita de barro en donde nos habíamos quedado una noche; nos sentamos cerca, pero no nos dejaron entrar, pues allí había otros guerrilleros. Nos quedamos al lado de unas matas de plátano, esperando a que llegara *Gonzalo*. *Caliche* seguía reclamando mi overol, yo le dije que el pacto era que yo se lo daba cuando me liberaran. Le prometí que se lo haría llegar, aunque en el fondo sabía que era mentira, yo no le iba a mandar nada porque me caía mal, porque era guerrillero y ni siquiera me había inspirado compasión.

Hacía sol, estábamos muy nerviosos. Todo parecía como si ahí tuvieran a otro secuestrado. Y sí, lo vimos, era un señor gordo; nos preguntamos si sería el arrocero que habían anunciado por la radio.

Unos nuevos guerrilleros alistaron las mulas y nos llamaron para salir. Nos despedimos del *Chulo*, de *Norbei*, de *Caliche*, del *Loco* y del *Nuevo*. A algunos de ellos les noté una especie de nostalgia. El único que seguiría con nosotros sería *Arley*. También nos acompañarían *Manuel* y *Cauca*.

Gonzalo me ofreció una mula. Había tres: una para la carga, una para mí, y otra para el secuestrado gordo, quien no tenía un buen estado físico. Yo le dije a *Gonzalo* que me subiría a la mula cuando me cansara, pero que por el momento quería caminar. Tenía ganas de hacerlo, de darle duro, hasta el cansancio. No quería sentirme inútil.

Salimos alrededor de las nueve de la mañana. Caminamos, pasamos una escuelita con una cancha de fútbol a la orilla de un río, atravesamos por un puente colgante y comenzamos a subir una montaña, la primera de muchas... Llegamos al tope, cansados. Bajamos la montaña, subimos otra más empinada, la bajamos. No teníamos agua y acosaba la sed; no tomamos nada hasta que llegamos a una casa de campesinos –se veían muy pobres– en donde había una alberca de la que bebimos. Siguió la travesía, subimos otro terreno empinado, pasamos por un pequeño bosque con una quebrada pequeña de agua pura, muy bonita, ahí nuevamente pudimos beber agua y me refresqué la cara, ¡qué alivio! Las mulas también calmaron su sed y pudimos descansar un rato.

Gonzalo estaba muy conversador; en un momento nos dijo que la Federación de parapentistas les había pagado a los paramilitares para que nos rescataran. (La Federación reúne a los parapentistas, quienes pagan sólo diez mil pesos al año, y emiten un carné para poder volar sin problema ante la Aeronáutica Civil. La Federación no tiene ni un peso. A lo mejor a *Gonzalo* le llamó la atención el carné que yo tenía entre la billetera, porque tiene algunas palabras en francés).

Después de otro tramo de caminata llegamos a un gran potrero en donde había vacas; pobrecitas, parecían hambrientas, todas estaban muy flacas, casi raquíticas. Huertas caminaba muy rápido, iba mucho más adelante que todos incluyendo a los guerrilleros, se hubiera podido escapar perfectamente... Pasando el gran prado descansamos debajo de unos árboles grandes, ya había pasto y se veían varias casas. Nos acostamos en el pasto y Huertas nos recomendó subir las piernas. Un guerrillero se fue y volvió con cuajada y panela, ¡qué hambre! Ya eran como las tres de la tarde y no habíamos comido nada. Huertas, como siempre tan previsivo, nos recomendó guardar un pedazo de panela. El gordo secuestrado hablaba y hablaba, y no paraba, ¿serían los nervios? No nos habíamos podido acercar mucho a él, pero estaba confirmado que era el arrocero del Espinal.

Luego de ese descanso seguimos la marcha, me ofrecieron la mula y la acepté. Estaba un poco cansada aunque no exhausta. *Gonzalo* me indicó cómo subirme y me preguntó que si yo había montado a caballo, como orgulloso de poder darme la oportunidad de hacer algo seguramente extraño para mí, pero entendí tarde y le respondí que sí. Ese trayecto ya no fue por trochas ni por montañas, sino por un camino destapado. Me pregunté a dónde llegaría esa carretera. En las paredes de las casas se veían *graffitis* de FARC Frente 25, y me sorprendió que estuviéramos pasando tan tranquilos, de día, y sin ninguna prevención. Definitivamente debía ser zona de control de las FARC. *Gonzalo* a cada rato le pegaba a mi mula, y cuando no era él, entonces era el arrocero quien lo hacía; yo les decía que no, me daba pesar, pues finalmente estaba andando el pobre animalito.

Llegamos a una pequeña tiendita con un letrero de gaseosa Colombiana. Había dos camionetas, no me acuerdo de qué marca, tal vez Nissan viejos o Toyota. Los dos eran rojos con cabinas blancas. Nos sentamos sobre la carretera a esperar a los otros, el gordo, que había decidido caminar un poco, casi no llega. *Gonzalo* dijo que pidiéramos todas las gaseosas que quisiéramos, que luego ya no íbamos a tomar más de eso. También dijo que ya casi íbamos a llegar. Yo me tomé dos gaseosas, no me cupieron más, y JJ se tomó como tres. Huertas no hablaba nada y el arrocero seguía hablando como un loro; de fulano y de sutano, y que fulano sí tenía billete, y un poco de cosas que me disgustaron, por lo que en ese momento me cayó como mal. JJ hacía ciertos comentarios y *Gonzalo*, que estaba de muy buen genio, se los celebraba todos, se reía y decía que ese JJ era muy chistoso. Nos informó que había dos caminos, uno largo, suave, y uno corto más inclinado, y preguntó cuál preferíamos. JJ dijo que quería el camino de regreso, y nuevamente *Gonzalo* le celebró el chiste... También nos elogió nuestro estado físico, que dizque hacía mucho tiempo que no le tocaba andar con personas así de rápidas, que nos había rendido mucho.

Les escuché decir a los guerrilleros que nos acompañaban que íbamos a dormir en el hospital. Me imaginé una construcción en cemento, camuflada bajo árboles y con varias camas. De pronto hasta habría enfermeras. Nos acompañaban *Arley* y los fieles compañeros de *Gonzalo*; *Manuel* y *Cauca*. Partimos nuevamente; yo decidí seguir a pie para darle la mula al arrocero que casi se muere caminando. Pasamos por unos cruces; había señales que decían algo de San Emilio y de una petrolera. Huertas nos hacía caras para que nos fijáramos en todos esos letreros.

Cruzamos un pequeño pueblito con casas y una escuelita; estaba ubicado como en una loma. Atravesamos rápidamente y continuamos por una carretera, luego subimos por otra montaña; ya se sentía el clima frío. Había árboles de eucalipto y la trocha estaba llena de lodo y agua. Ese trayecto fue muy desgastador pues las botas se enterraban en el terreno; ya estábamos cansados y tocaba esquivar charcos, barro y troncos. Eran como las cinco de la tarde, llevábamos prácticamente todo el día caminando. Nos decían que ya casi íbamos a llegar, y así lo creía, pues tantas montañas que habíamos atravesado, tantas subidas, ya más arriba no podíamos estar...

Después de ese bosque divisamos otros prados; por fin nos anunciaron que estábamos llegando. Había unas casas humildes pero tenían energía, me pareció increíble que hasta allá llegara la luz. Estaban sobre una loma inclinada, y cuando pensé que ese era el destino final, nos dijeron que faltaba subir un poco más. En ese momento mis piernas ya no daban más. *Gonzalo* nos decía que siguiéramos, que faltaba poco. Por fin llegamos a una casita, pequeñita, de madera vieja, había muchos niños, una señora y unas tablas, parecía como si estuvieran trabajando la madera. Me pregunté en dónde iríamos a dormir, ¡esa casita era enana! Nos dieron Fresco Royal, nos supo delicioso y nos calmó la sed.

Salimos de ahí y nos guiaron al "hospital" en donde dormiríamos. Nos hicieron meter en una pequeña selva y caminar por trocha como unos cinco minutos más. El supuesto hospital eran unas plataformas de madera en donde levantaban un segundo nivel en forma de camas. Estaban al aire libre, pero cubiertas por grandes plásticos industriales para protegerlas de la lluvia. En ese lugar nos alistamos para dormir. Huertas, nuevamente con sus recomendaciones, nos dijo que nos quitáramos toda la ropa que estaba sudada y mojada, y que durmiéramos con ropa limpia, pues nos podíamos enfermar. Al rato llegó la comida: arroz y papa. Huertas no pudo comer, a pesar del hambre, pues el respirar por la boca ese aire tan frío le había afectado la garganta y la tenía toda raspada.

El arrocero estaba con nosotros. Se llamaba Hugo. Él no tenía cobijas por lo que nosotros le dimos una. Sólo había tres colchones y nos tocó darle uno a los dos guerrilleros y compartir otros dos para entre los cuatro secuestrados. Hugo nos contó que lo habían cogido en el Espinal, hacía dos o tres días (seguro por eso nos demoraron en donde Polo, esperando otro con quien valiera la pena el paseo...), que tenía un nene de meses, qué pesar. Se veía muy tranquilo y se reía un poco avergonzado de su pecueca (mal olor en los pies), de que no se había lavado los dientes, etcétera.

Cauca y *Manuel* nos cuidaban. Una vez listos para dormir, nos encadenaron a uno de los palos que sostenían el "hospital" ¡Qué gran escondite! Y ese era el hospital, yo que me imaginaba que eso era algo más sofisticado…

Los guerrilleros ya nos habían tomado confianza y mientras estábamos organizando los colchones, molestaban diciendo: "yo duermo con Carito". Menos mal JJ no escuchó y yo me hice la loca. *Manuel* comenzó a hablar de la lucha contra los ricos y entonces le dijimos que los ricos no son todos, que unos de esos son los que dan trabajo, que hay clases medias que trabajan y se esfuerzan para sostener a sus familias, pero él seguía insistiendo en que sólo hay ricos y pobres. No pudo entender que existen clases medias, no le cupo en su cabeza. En una de esas se le saltó la piedra a Huertas y le echó la madre, prácticamente le dijo hijo de puta, menos mal no entendió, o no escuchó, o se hizo el loco. Nos tocó decirle a Huertas que se calmara, que se callara, que no se pusiera a discutir con una persona que no entendía.

Nos acomodamos para dormir al aire libre, sabiendo que al día siguiente nos esperaba otra larga caminata.

El páramo

Nos levantaron casi de noche, como siempre. Dormimos bien, aunque hizo mucho frío. Estábamos un poco adoloridos de los músculos, pero nada grave. Nos pusimos nuevamente el atuendo de la caminata y guardamos lo seco en el costal. La ropa estaba helada y mojada por el frío de la noche. Desayunamos arepas con caldo, comimos con gusto a causa del cansancio y de saber que nos esperaba otro día largo, posiblemente también duro y sin más alimentos.

Salimos del escondite, dejamos esa selva tupida y llegamos nuevamente a la casita de madera, en donde estaban alistando las mulas. Había varios animales adicionales, y a la caminata se nos unía el dueño de la casa, otro muchacho y un niño. El dueño de la casa fue nuestro guía. Era bajito, gordo, de ojos claros, de bigote, colorado y le faltaban algunos dientes. Le decían *El Becerro*. Yo me preguntaba a dónde seguiríamos, pues ya habíamos subido demasiado. Las montañas no podían ser más altas; no podía creer que fuéramos más lejos.

Comenzamos a avanzar. Estábamos ubicados en la falda de una gran montaña, por lo que la jornada comenzó con un ascenso. Tenían construido un camino con piedras y con palos puestos horizontalmente, como para facilitar cada paso o tal vez para las mulas. Había mucho barro y en algunas partes los trozos de madera se hundían en él. Era una subida fuerte. Yo la hice en una de esas mulas, aunque me sentía más segura caminando, pues ellas se resbalaban y debían saltar algunas veces para esquivar cosas; yo pensaba que me iba a caer con todo y animal encima. JJ subió prácticamente a pie. Huertas usó una mula. Las bajadas eran igual de peligrosas, incluso peores; sentía que esas mulas se iban a ir de cabeza y que se iban a resbalar en el barro. Cuando me asustaba, me bajaba, caminaba y luego me volvía a montar.

Era un día frío pero estaba despejado, se podía respirar el aire puro, el fresco de la mañana, yo me sentía bien. El paisaje era muy bonito, infundía paz y me daba mucha energía. La verdad me imaginaba como en un paseo.

La subida fue muy larga y pesada. Yo subí en mula. Cuando coroné la cima, me detuve a esperar a los que faltaban. JJ subía bañado en sudor, completamente agotado. Luego él me contó que le daba angustia que estuviéramos separados y que por eso caminaba tan rápido. Llegó con *Gonzalo*, quien lo seguía también cansado. Él nos preguntaba a cada rato que si de ahí se podía volar parapente, y nos advertía que nos esperaba un paisaje muy bonito.

Pedí permiso para ir a hacer pipí y JJ me dijo que aprovechara y botara las llaves de nuestro apartamento; le hice caso y las arrojé en algún lugar lejos de la cima. Ahí había un nacimiento de agua muy lindo, en donde tomamos agua y nos refrescamos. Ya hacía bastante frío. Al mirar nuestro recorrido hacia atrás se divisaban montañas, y montañas, todas las que habíamos escalado y muchas más. Parecíamos estar en el techo del mundo. El espectáculo de ese paisaje fue sorprendente... Estábamos llegando al Páramo de Sumapaz, no había duda. El horizonte era verde claro, aunque había varios tipos de verde; el cielo estaba completamente despejado y todo estaba lleno de frailejones grandes que seguramente tendrían más de 200 años. *Gonzalo* me preguntó si alguna vez había estado en un páramo. Le respondí que sí, que en El Neusa, en donde a veces volamos, aunque ese es un páramo muy pequeño incomparable con el que ahora veía ante mí. Percibí que no le gustó mucho mi respuesta, tal vez pensaría, "esta se las sabe todas".

Anduve un poco más en mula. El terreno del páramo era fangoso y era muy fácil hundirse. En un momento mi animal quedó sumergido hasta su barriga; a mi me tocó subir los pies para no mojarme. Las mulas se resbalaban y se quedaban enterradas en los charcos, además tampoco obedecían y se iban por la ruta que ellas querían. Yo me cansé de eso y seguí el trayecto a pie, pero así también era complicado. Tocaba mirar qué se podía pisar y qué no, pues había ciertas matas que al pisarlas se sumergían, mientras que otras eran duras y soportaban el peso. Se requería concentración para tener una marcha rápida y constante; debíamos ir mirando siempre hacia adelante, previendo los próximos movimientos. Cuando se me hundían los pies estaba tan denso el barro, que mi fuerza no era suficiente para volver a sacarlos; a veces salía solamente el pie y se quedaba enterrada la bota. Me tocaba llamar a JJ y pedirle auxilio, decirle que me ayudara a halar mi bota para poder salir de ahí.

Cada vez soplaba más el viento y hacía mucho frío, así que tuvimos que ponernos las chaquetas. *El Becerro* era el guía, caminaba muy rápido y se sabía todas las rutas. Huertas iba casi a la par con él. El paisaje era abierto, con muchas colinas, con mucha agua, nacimientos hermosos, pequeños ríos puros y cristalinos y frailejones seguramente de muchos años de antigüedad.

La travesía fue larga y no tuvimos nada para comer, excepto los pedazos de panela que Huertas había guardado del día anterior, y que ayudaban a refrescar la garganta del aire frío que se respiraba y nos secaba por dentro. Huertas era impresionante, llevaba un ritmo increíble, no se cansaba y seguía caminando al ritmo del *Becerro*. Atravesamos un río chiquito en donde Hugo, el arrocero, casi se cae con todo y mula. Afortunadamente reaccionó rápido y se botó antes de que el animal se cayera al agua.

Llegamos a una laguna muy cristalina, casi no se veía por la niebla que la tapaba. Ahí estaba la naturaleza virgen, intacta, pura.

Eran como las tres de la tarde, llevábamos casi siete horas caminando, ya teníamos hambre y el frío hacía más fuerte la jornada. Me sentía cansada; a pesar de haber disfrutado el paisaje, ya las piernas estaban fatigadas. Comenzamos un leve descenso en donde fueron desapareciendo los frailejones y los nacimientos de agua, en cambio, nos encontramos con arbustos pálidos y sin gracia y tierra clara con lodo. Después descendimos el páramo. Las bajadas se hicieron muy inclinadas; esas cansan mucho más pues hay que estar frenando. El camino estaba lleno de barro negro y húmedo, además tenía muchas piedras, a veces pisaba sus puntas y me dolían mucho las plantas de los pies. Yo ya no daba más. Mi actitud de "paseo", de admiración y de diversión comenzó a cambiar por la de hambre, mal humor y cansancio.

Llegamos a un cañón, en todo el sentido de la palabra; solamente se divisaban montañas y montañas y una que otra casa aislada. Los guerrilleros nos dijeron que ya habíamos llegado. Entre nosotros comentamos que si el culo del mundo existía, definitivamente era ese. Se escuchaba un río debajo de ese gran lugar. Llegamos a una casa abandonada de madera, sin energía eléctrica, con algunas vacas y unos perros. Nos sentamos y me puse muy feliz, pues creía haber llegado, pero nos dijeron que ahí no era, que tocaba bajar hasta el río, atravesarlo, subir la montaña de en frente, y que en donde se divisaba una pequeña casita, era el destino final, ¡qué desaliento! ¡Yo ya no podía más!

Vimos personas en esa casita. Se escuchaban muchos gritos y había gente que nos hacía señas. Duramos más de una hora bajando, hasta que llegamos a un río caudaloso y puro. Allí no había ningún puente y tocaba atravesarlo de piedra en piedra, saltando. *Arley* me ayudó a atravesarlo. Luego comenzó el ascenso. Yo ya estaba muy disminuida y la casa parecía muy lejos. La subida era muy inclinada; llegamos a una cerca, era el final del recorrido y me pareció imposible que hubiéramos llegado.

Entramos por la cerca, ascendimos un poco más y nos encontramos con el famoso campamento. No era en la selva, tampoco estaba camuflado, no había construcciones de cemento. Era una humilde casa de madera, en la pendiente de una montaña cualquiera en un gran cañón. Eran como las cuatro y media de la tarde, ¡por fin habíamos llegado!

Huertas, por haber pertenecido al ejército, tenía un gran sentido de la ubicación, a cada rato nos decía: "fíjense, vamos hacia el oriente", "fíjense, cambiamos hacia el sur", "debemos estar yendo hacia los llanos"... A lo largo de estos días se había fijado muy bien en el camino recorrido, había estudiado las estrellas y con la certeza de haber estado en el Páramo de Sumapaz, dedujimos que no había duda de que estábamos en la Zona de Distensión, el terreno de diálogo con la guerrilla.

Capítulo 5

El campamento

7 DE JUNIO

Había en la entrada un terreno plano, quizá el único en toda la extensión de esa gran montaña inclinada. Ahí estaban los guerrilleros jugando fútbol, ellos eran quienes nos habían gritado. Tan pronto llegamos, el partido se suspendió. Me llamó la atención un guerrillero rubio, de pelo largo, que saludó arrogantemente.

Al llegar también vi a otros secuestrados. Tan pronto pasamos por la "cancha de fútbol" se paró un viejo gordo con un bastón, con los pocos pelos que le quedaban, largos y despeinados y una barba larga muy mal cuidada; él me causó mucha impresión. En ese momento pensé: "pobre viejo, cuánto llevará aquí". Luego comenzaron a llegar los demás secuestrados a presentarse y a darnos la "bienvenida".

El saludo fue extraño. Para JJ esto fue muy impactante. Los secuestrados se presentaban dando su nombre, seguido de los meses que llevaban en cautiverio: Camilo,

15 meses; Ernesto, 18 meses; Karl, 3 meses, etcétera. Algunos de ellos estaban jugando fútbol con los guerrilleros y algunos tenían ropa de guerrilleros. Los que más me llamaron la atención fueron: un señor bien vestido, con su barba bien cuidada y una ruana blanca muy bonita, quien saludó sonriente; se llamaba Álex. Otro, con traje de guerrillero, moreno, mechudo y con una barba muy larga, se llamaba Ernesto y un señor rubio de bigote, se parecía a un tío de mi papá muy querido, que se llamaba Camilo. Su cara me insinuaba que era buena gente y me cayó muy bien en ese momento. De ese día recuerdo perfectamente mi primera impresión de esas personas. El arrocero que venía con nosotros saludó a un muchacho con confianza, sí, se conocían, y vaya lugar donde se habían encontrado.

La llegada fue demasiado impactante para mí, tanto que no pude contenerme y me senté en una piedra a llorar ¿Por qué? No sé. Tantas emociones mezcladas a la vez, el cansancio de la caminata de dos jornadas, sumados al trajín de varios días de tensión y finalmente haber llegado al destino final. Las esperanzas de una libertad pronta estaban disminuidas. También me afectó el haber saludado a 12 secuestrados que llevaban varios meses en esa situación, la novedad, la idea errada que yo tenía de un campamento y encontrar que nos quedaríamos en esa casucha de palo y de latas, el preguntarme cuándo saldríamos de esa cerca que nos encerraba... Tantas cosas, que todavía no se qué me hizo llorar con tanta emoción.

Llegó un señor a consolarme; me habló muy tranquilamente, me dio ánimo y me hizo ver que la convivencia allí era muy bonita. Me dijo que estuviera tranquila, que ellos ya nos conocían pues habían oído la noticia de nuestro secuestro por radio (por esa razón nos recibieron por nuestros nombres). Que además nuestras familias nos habían enviado varios mensajes radiales; que una tal "panchita" me quería mucho. Que ellos siempre escuchaban esos mensajes, los oían todos conjuntamente y no se los perdían. Me informó que los transmitían los martes y los miércoles de cinco y media a seis de la tarde por la Radiodifusora Nacional de Colombia, y todas las madrugadas por Caracol Radio. También me contó que él estaba secuestrado hacía ocho meses junto con su hermano y me habló de la situación de varios de los compañeros. Recuerdo que me habló de Miguel, un muchacho de 18 años quien se había canjeado por su padre. Me habló de la relación entre todos ellos, que aunque a veces se peleaban hasta por un pedazo de plástico, buscaban no pasarla mal y tratar de apoyarse. En fin, me habló de muchas otras cosas y logró el objetivo: tranquilizarme. Ese señor con ese discurso tan emocionante se llamaba Pepe.

Los guerrilleros nos dieron a los recién llegados un plato de fríjoles con arroz y agua de panela, pero no nos dieron cubiertos. Los secuestrados nos explicaron que cada uno tenía su cuchara y muy amablemente varios nos ofrecieron la de ellos. Al poco tiempo, a las cinco de la tarde, llamaron a la comida: lentejas con arroz. Nosotros no habíamos terminado el almuerzo.

Al aire libre había una especie de comedor, hecho con tablas de madera y cubierto con un plástico negro, en donde comían todos sentados. Los acompañamos y varios señores muy caballeros me ofrecieron su puesto, pues no cabíamos todos. Ellos se esmeraban en explicarnos el sistema o digamos que la rutina: aquí se come a las cinco de la tarde, se almuerza a las once de la mañana y se desayuna a las seis de la mañana. Algunos molestaban con los guerrilleros y nos explicaban cuál de ellos cocinaba rico, y en voz baja, cuáles cocinaban feo. Esa tarde estaba sirviendo la comida una guerrillera gordita, como de unos 16 años; le decían *Pollito*. Sirvió los platos cantando y algunos de los señores le decían que lo hacía muy bien. También nos informaron acerca del menú: la comida un día eran lentejas, otro día espaguetis, y otro sardinas; todo siempre con arroz. Que a las seis de la tarde en punto debían ingresar al cuarto a dormir, que cerraban las puertas con llave y que para ir al baño tenían que informar que iban al "chonto".

En medio de todo sentí su acogida y tuve la impresión de que entre ellos llevaban una buena relación. Parecían tener ya una cultura de convivencia, la cual estaban tratando de transmitirnos. Algunos hablaban en voz baja, comentando acerca de la llegada de *Gonzalo* y lo que podría suceder. Había un alemán, Karl, muy alto, canoso, delgado. Inmediatamente vio a JJ se dirigió hacia él y le preguntó con mucho ánimo si era extranjero, como si hubiera encontrado a alguien con quién identificarse. Lastimosamente JJ le respondió que no, y se alejó, por miedo a que *Gonzalo* ratificara su falsa teoría de que realmente él sí era extranjero al verlo hablar con un alemán.

Eran 12 secuestrados, más nosotros cuatro que acabábamos de llegar, 16...

Al terminar la hora de la comida me quedé hablando con Ernesto. Me contó que él era esmeraldero y que llevaba 18 meses secuestrado. Me dijo que muy posiblemente él se iría en esos días con *Gonzalo*, a la libertad. Por eso muchos de los secuestrados le querían mandar con él razones a sus familiares. Me contó que lo habían secuestrado junto con su esposa en Fusa, Cundinamarca, y que a ella la habían soltado unos días después.

Había muchos guerrilleros y guerrilleras, todos jóvenes, algunos demasiado, parecían casi niños. Vi a una guerrillera bañándose; lo hacía al aire libre y delante de todo el mundo, en calzones y *brasieres*. Me explicaron que esa era la forma en que todos se bañaban. Yo pensé: ese baño debe ser terrible afuera, en un páramo, a más de 3.100 metros de altura ¡y con agua helada del páramo!. Qué pena, cómo haré, yo en calzones y *brasieres*, que se vuelven casi transparentes con el agua, delante de todos estos señores y de todos esos guerrilleros, no me lo imagino.

Descargaron las mulas que llegaron con nosotros; había varios costales con raciones de arroz, fríjoles, aceite, chocolate, galletas, sal, etcétera. La casa era de madera, humilde, no tenía energía eléctrica ni baños. La cocina era descubierta, tapada con uno de esos plásticos negros y consistía solamente de una fogata sobre la tierra en donde se ponían las ollas. Había al lado una habitación en donde se guardaban las raciones de comida, la llamaban "el economato". Seguían otros tres cuartos, uno de esos era el de los secuestrados. En los otros dos dormían guerrilleros. Las habitaciones tenían un pequeño balcón, en el que también dormían guerrilleros. Quedaban prácticamente al aire libre, pero ellos instalaban su "casa" (o carpa camuflada) que los cubría. De esa misma forma dormían otros guerrilleros por detrás y al costado de la casa. El lugar tenía el techo de latas y las paredes de madera ya sucia y carcomida, con muchos orificios. Estaba un poco levantada sobre el suelo y éste tenía huecos.

Nos mostraron nuestro nuevo hospedaje: era un pequeño cuarto, sucio y lleno de polvo. Había repisas torcidas hechas con tablas de madera, con frascos, revistas viejas, medias, calzoncillos, de todo. Había cuerdas colgadas también con un poco de ropa. Era un cuarto muy estrecho, a duras penas quedaba un pequeño pasillo para acceder al lugar de ubicación de cada uno. Había unas tablas levantadas en forma de cama, en donde dormían seis personas, y otras "camas", si se pudieran llamar así, ubicadas en el suelo y hechas de helechos, en donde se dormía en parejas. Yo dormiría obviamente con JJ en una de ellas. Increíble, ¡en un cuarto de tal vez ocho metros cuadrados dormiríamos 15 personas! (Karl dormía afuera, como los guerrilleros).

Antes de encerrarnos a dormir, pedí permiso para ir al "chonto". Los "chontos" estaban relativamente lejos. Debíamos atravesar la pequeña "cancha de fútbol", abrir una cerca y acceder a un potrero. Era un terreno pequeño, lleno de huecos, organizados en hileras, hechos con azadón. Detrás de los huecos había un morro de tierra de manera que cuando fueran utilizados, se corriera la tierra para cubrir los desechos. Un guerrillero me acompañó y me vigiló a cierta distancia. Luego fui a limpiarme los dientes en un tronco. En ese lugar se lava la loza, se bañan las personas, se lava la ropa, se lavan los dientes, se bebe agua, etcétera. Es un tronco horizontal grande al cual se le perforó un agujero para almacenar agua. Allí constantemente llega un chorro en una manguera que viene de un nacimiento cercano. El agua es perfecta, es completamente cristalina, pues viene pura y virgen del páramo, aunque por esto mismo es muy fría. Qué rico poder beber tranquilamente, sin el peligro de los parásitos y sin tener que hervir nada. Al lado del tronco había dos grandes piedras, para refregar la ropa.

Cuando me estaba limpiando los dientes apareció *Gonzalo*. Su actitud realmente había cambiado; ya no nos miraba con odio ni nos regañaba por todo, más bien le gustaba bromear con nosotros. Yo quería saber qué pensaba alguien de un rango más alto que los milicianos que nos habían cuidado donde Polo. Hablar con ellos había sido imposible, realmente su ignorancia era deslumbrante y no se podía razonar. Pero pensé que muy posiblemente con *Gonzalo*, que es un comandante, podría charlar con algo más de estructura. La conversación fue más o menos la siguiente:

- ¿Entonces qué, Carolina, qué tal le ha parecido el paseo?
- Muy pesado, llegué muy cansada, fue muy duro ese viaje.
- Bueno, pero igual ustedes tienen buen ritmo, son buenos para caminar.
- Bueno sí, además el paisaje fue muy lindo, y a pesar de todo lo malo hasta interesante conocer lo que

piensan ustedes. Lo que pasa es que hay unas cosas con las que yo no estoy de acuerdo.
- ¿Como qué?
- Pues, por ejemplo, que ustedes dicen que luchan contra los ricos, y bueno, algunos ricos no son tan malos, son los que generan empleo, le dan trabajo a muchas personas. Y esas personas con su trabajo pueden darle de comer a sus familias.
- Sí, pero es que hay muchos ricos que prefieren darle de comer a su perro en un plato elegante que darle a otras personas que no tienen con qué comer. Además se roban los impuestos y están en contra de los pobres. Por eso los tenemos por aquí un ratico para que nos den la platica que les sobra. (En ese momento pensé en la perrita de JJ que se habían robado y si nos estaría relacionando como ricos por un simple perro).
- Primero, a veces la gente que ustedes tienen no son ricos, por ejemplo nosotros; y segundo, si secuestran a ciudadanos que tienen su pequeña empresa, o un cultivo, pues ellos van a cerrar su negocio, y van a dejar de darle trabajo a otros.
- Nosotros no secuestramos, nosotros retenemos a las personas por un tiempo.
- Yo no entiendo la diferencia entre retener y secuestrar.

– Pues secuestrar es muy diferente. Eso es lo que hace la delincuencia común. Que maltrata a las personas. Nosotros retenemos a los ciudadanos por un tiempo mientras nos dan una platica y luego los mandamos para la casa.

– Además están secuestrando a las personas equivocadas, la mayoría es gente trabajadora, que no tiene mucho. Más bien deberían coger a los políticos corruptos que roban millones de millones de pesos del gobierno, esos sí le están quitando la plata a los pobres.

– Bueno, a esos también, pero ¿usted sabe que las FARC sacaron la ley 002 que pide platica a todo el que tenga, no?

– Bueno, ya le entendí un poco su punto de vista, pero le sigo manifestando que hay unas cosas en las que no estoy de acuerdo con ustedes. Me voy a dormir, hasta mañana.

Cuando llegué al dormitorio, JJ estaba muy preocupado porque yo no llegaba. Le conté que estaba hablando con *Gonzalo* y me dijo que en ese lugar nos tocaba ser muy puntuales, que si nos decían que la entrada al cuarto era a las seis debía ser a las seis. Yo me sentí tranquila de haber podido darle mi opinión a ese señor y me alisté para dormir.

No había mucho campo para acomodar cosas. Los privilegiados tenían repisas hechas por ellos mismos. Nosotros utilizamos una porción de "techo" para acomodar nuestras mudas, las revistas, y lo que teníamos en los costales. Escondimos unos rollos de papel higiénico dentro de los helechos y nos acostamos a dormir. Acomodamos una cobija encima del plástico que cubría los helechos, y otras dos las usamos para cubrirnos (teníamos cuatro pero le dimos una al arrocero). Hacía tanto frío que encima de la ropa limpia nos pusimos nuestros overoles térmicos. Nuestros compañeros nos introdujeron a su rutina de rezar todas las noches. Bajo la leve luz de una vela Camilo leyó una novena y rezamos el rosario. JJ en voz baja me comentó: "pobre Don Ángel, tiene diabetes, está malo de una pierna, lleva aquí seis meses y los "hijueputas" muchas veces no le dan la droga que necesita". Don Ángel era el viejo barbudo, gordo y con un bastón que me había impactado recién llegamos al campamento. Nos dijimos hasta mañana con un beso y nos acomodamos para dormir.

El ruido que hacían los guerrilleros era increíble. Alcancé a ver algunos instalando sus "casas" en los balcones, algunos durmiendo en parejas. Se escuchaban carcajadas y gritos exagerados de las mujeres; alguna de ellas en broma gritaba; "me van a violar, ja, ja, ja". Me asombró su forma de vida, tan rara para mí, pero me dio la impresión de que la pasaban rico. Finalmente bajaron el volumen. Yo estaba ansiosa por toda la novedad, parte de mí estaba feliz por estar ahora con más gente en nuestra misma situación y con tantas historias que contar; ya no estábamos solamente los tres hablando lo mismo siempre, andando para arriba y para abajo en una pequeña colina.

Habían cerrado la puerta con llave a las seis y a las ocho yo tenía ganas de ir al baño. Me habían dicho que la regla era que hasta el otro día no abrían la puerta. Pero los señores me sugirieron que le gritara al guardia. Varias veces grité: ¡guardia! Por fin se acercaron y pedí que me dejaran salir. Accedieron. Cuando ya me estaba durmiendo, Álex dijo: "cuidado con el ratón". ¿Cuál ratón? ¡Qué susto! Álex me dijo que había ratones. Pregunté varias veces si era verdad. Alguien me tranquilizó diciéndome que era mentira.

Por fin, después de mucho tiempo, y arrullada por un coro de ronquidos de catorce hombres, me pude dormir.

Junio 8

Nos despertaron poco antes de las seis de la mañana, al abrir la puerta y desajustar el candado. Sin embargo, algunos de los señores estaban conversando como desde las cuatro de la mañana. Nos paramos. Le pregunté a JJ cómo había dormido y me dijo que bien, aunque había sentido mucho frío. Sí, se sentía la baja temperatura a pesar de que estábamos 15 personas hacinadas en una habitación. La noche anterior, como siempre, nos encerraron, la puerta de madera la cerraban y le ponían una cadena con candado.

Esa madrugada vi salir a varios hombres con un frasco de aceite grande, cortado por el cuello y con una cuerda atada en forma de manija, lleno de algo amarillo ¿Orines? Sí, eran los "miones". Los señores los usaban para orinar durante la noche y apenas nos abrían la puerta los desocupaban. JJ comentó: "qué partida de prostáticos". Le dije que no dijera nada, pues de pronto a él también le tocaría hacerlo. Me sentí incómoda por esos "miones" y también pensé que de pronto a ellos les podría dar pena conmigo.

Salimos a tomar el tinto, muy rico, caliente. Un poco más tarde nos dieron el desayuno: caldo de papa, arepa y chocolate. Le pregunté a Huertas cómo había dormido y me dijo que mal, pues él estaba con un grupo de siete personas y quedaban muy apretados.

Respiré el aire frío pero puro; más puro que cualquier aire que hubiera podido respirar, limpio de cualquier contaminación, lleno de naturaleza y de vida. El día estaba despejado. Tan pronto terminamos de comer volví al cuarto y comencé a hablar con Pepe (quien me había tranquilizado el día anterior), con Camilo y con otro señor de edad, canoso, muy barbado que se llamaba Diego. Nos sentamos en las camas de arriba cruzados de piernas y charlamos por largo rato. JJ y Huertas estaban afuera y de vez en cuando entraban a decirme que saliera, que el día estaba muy lindo, pero yo estaba tan entusiasmada con la conversación, que se me fue pasando la mañana.

Pepe me contó que lo habían secuestrado hacía ocho meses junto con su hermano Edgar. Que él había sido alcalde de un pueblo del Tolima y que del mismo pueblo los habían sacado. Que tenía una hija adolescente y otros tres niños con otra señora diferente. Le pregunté por qué tenía dos mujeres, y me dijo que él tenía una gran capacidad de cariño, que le gustaban mucho los niños y que su señora oficial sólo había querido tener una hija.

Camilo me contó que había sido alcalde de otro pueblo del Tolima y que tenía un hijo de siete años. A él lo habían sacado de una finca donde trabajaba y llevaba 13 meses secuestrado.

Diego era un viejito, creo que de Manizales o de Manzanares, no me acuerdo. Me dijo que había tenido cáncer, que tenía una señora y tres hijos pero que uno de ellos había muerto. Que su vida había sido muy dura. Llevaba tres meses secuestrado. Lo habían cogido cerca de donde nos cogieron a nosotros, en una finca. No sé qué más hablamos pero estuvo muy ameno y me sentí muy contenta de haber podido hablar con alguien diferente a Huertas y a JJ, con temas nuevos y diferentes.

A las nueve y media de la mañana nos llamaron a tomar tinto. Afuera estaban JJ y Huertas que hablaban con dos señores: Álex y Juan. Me uní a su conversación. Álex me contó que era arrocero, que Juan también; eran vecinos de finca además de estar emparentados por familia. Juan había sido político de Girardot y tuvo un cargo importante en el gobierno de Ernesto Samper[5]. Cuando estaban en la finca de Juan llegaron las FARC preguntando por Álex. Ellos estaban con varios trabajadores pagándoles su salario. A los trabajadores y a Juan los encerraron en un cuarto y se llevaron a Álex. Unos minutos más tarde se devolvieron por Juan y también se lo llevaron. Álex decía que tal vez los guerrilleros se devolvieron por su amigo debido a su atuendo: gafas oscuras, buena ropa y un revólver en el cinturón. Con ellos JJ y yo nos sentimos algo identificados, pues parecían tener el mismo nivel sociocultural que nosotros. JJ habló toda esa mañana con los dos arroceros. Parecen ser buenos amigos y creo que hubo empatía. Álex le preguntó a JJ si era judío, quizás por el apellido. JJ le dijo que no. Él le comentó, como una especie de confesión, que realmente no era arrocero. Que sí tiene unas hectáreas de arroz en donde lo secuestraron, pero no es mucho. Que es empresario en el área textil. Sentimos confianza y JJ y yo contamos que trabajábamos

---

[5] Ernesto Samper Pizano fue Presidente de Colombia entre 1994 y 1998.

en una compañía y otra serie de cosas que no recuerdo. Juan dijo que era cuñado de un señor que trabajaba con nosotros y que estaba también secuestrdo ¡Qué mundo tan pequeño! Efectivamente, Juan era cuñado del señor que conocíamos. Por tal motivo, pensamos muchas cosas al respecto, por ejemplo, teníamos susto de que los guerrilleros supieran que trabajábamos con él, pues se podrían dificultar las negociaciones o de él o de nosotros. Afortunadamente mi carné de trabajo lo pudimos esconder en mi Jeep, junto con los documentos militares de Huertas. Por otro lado, el hecho de tener tres secuestrados en una misma empresa, podría influir en las decisiones de inversión de los extranjeros; por ejemplo, podrían reubicarse en otro país, dejando sin empleo a aproximadamente dos mil personas.

Llamaron al almuerzo, eran arvejas con arroz y agua de panela. No estaba muy sabroso y la porción no era tan grande como la que nos servían en la casa de Polo. *Gonzalo* tuvo reunidos a todos los guerrilleros prácticamente todo el día, quién sabe qué les diría.

Después del almuerzo la gente caminaba un poco, lo mismo que después del desayuno; lo hacían en la cancha de fútbol, de un lado para otro, iban en grupos de dos o de tres personas, todos al tiempo, parecía un patio de reclusos...

JJ casi no quiso hablar con Karl para evitar riesgos de que lo tildaran de extranjero. Me contaron que él no había resistido dormir en grupo. No soportó los ronquidos ni los ruidos de los demás, por lo que protestó. Los guerrilleros le armaron una "casa" aparte, afuera del rancho. Tenía una tabla, una espuma muy blanda y su carpa camuflada. Cuando hacía buen día, varios de los secuestrados se instalaban ahí a tomar el sol, a charlar con él, o a jugar cartas o ajedrez. Sin embargo, como el alemán estaba afuera, lo encadenaban en las noches para evitarse problemas ya que se había tratado de escapar dos veces. Era una pequeña cadena atada a uno de sus pies y a su vez esta cadena estaba atada en un árbol. La cerraban con un candado. Desde que Karl se escapó la segunda vez, los guerrilleros decidieron acompañar a todos los secuestrados al "chonto" y vigilarlos, pues esa había sido la disculpa para su fuga.

Álex nos había sugerido pedirle al comandante que nos diera una "caleta" aparte, como la de Karl, para tener un poco de privacidad. Pero JJ dijo que prefería compartir con todos los demás. Decidimos bañarnos, yo tenía mucha pena, pero no había otra opción. Además no me aguantaba más, estaba sudada de esas caminatas, ya era hora de tomarme un baño. Se bañaron varios, en calzoncillos. Luego, en ropa interior, lavaban su ropa sucia, y se cambiaban de muda. Se bañó JJ, luego Huertas y finalmente me tocó a mí. JJ como buen marido les pidió el favor a los señores de que se retiraran un poco. Me bañé en ropa interior, pero eso era prácticamente estar desnuda pues con el agua mi ropa quedaba transparente; a diferencia de la ropa interior de las guerrilleras que era negra o azul oscura y no era tan reveladora. El agua estaba helada, tocaba echarse el agua a baldados que comenzaban en los pies y terminaban en todo el cuerpo; quedé como nueva. Afortunadamente el día estaba muy lindo, soleado aunque con un viento muy frío. Qué rico fue sentirse limpio. En la tarde la comida nos calentó un poco: lentejas con arroz, agua de panela, y "cancharina", una especie de arepuela de harina cubierta con un poco de panela y puesta a fritar.

A las seis de la tarde entramos a nuestra piecita y nos pusieron el candado. Molestamos un rato entre todos, el arrocero resultó ser muy gracioso, se reía por todo. Antes de dormir rezamos y nos acostamos otra vez con frío.

Junio 9

Esa mañana se fueron los guerrilleros que nos habían traído. *Manuel*, *Cauca* y *Arley* se despidieron de nosotros. Se fueron con *Gonzalo* (ese sí fue maleducado y no se despidió). También salieron *El Becerro*, dos muchachos y las mulas. No se llevaron a nadie; nadie fue liberado. Las razones que llevaba Ernesto se quedaron escondidas en su cinturón (había quitado la hebilla, abierto un poco del cuero de la correa y por allí había ingresado varios papelitos con teléfonos y mensajes).

Huertas ha hablado mucho con varios de los secuestrados en secreto, deduciendo dónde estamos, y sí, parece que es lo que pensábamos, estamos en la Zona de Distensión. Un viejito que se llama Marco nos dice en voz baja que estamos en la Zona de Distensión, tal vez cerca de la Uribe, Meta, y que el río que está abajo puede ser el Guayabal, o el Duda. Coincide con lo que Huertas venía tratando de descubrir.

Hablé con Ernesto, el esmeraldero. Estaba un poco desilusionado pues él casi podría jurar que se devolvía con los guerrilleros hacia la libertad. Me contó un poco de su vida. Habló del mundo de las esmeraldas, habló de su familia. Dice que ese mundo es muy bonito, pues está lleno de goce.

El rubio mechudo que el primer día saludó muy arrogante estaba ahora recién peluqueado y me enteré de que era el "comandante" del campamento. Debía tener unos 23 años. Jugaba ajedrez con Don Ángel, el viejo de bastón, a unas velocidades increíbles. Ahora todos los guerrilleros estaban peluqueados. *Gonzalo* los puso nuevamente en su sitio. Nos contaban que antes de que él llegara el campamento era prácticamente un jardín de niños. Pero ya se notaba el cambio. Todos los guerrilleros estaban más calmados; era prohibido jugar fútbol, había más seriedad y era mayor el distanciamiento con los secuestrados.

Álex continuó con sus confesiones. Dice que tiene una casa muy bonita en la sabana de Bogotá. Nos cuenta acerca de su empresa, que nadie más que nosotros sabe que tiene, nos cuenta que él es de la reserva del ejército, que afortunadamente cuando lo secuestraron no tenía su carné y que su hermano pertenece al cuerpo militar. Con él hemos entablado una buena amistad. Nos sentimos cercanos porque tenemos estilos de vida similares; él es uno de los pocos bogotanos, profesionales, que trabaja en una empresa, como nosotros.

Huertas le contó su gran secreto: que está retirado del ejército.

Capítulo 6

Diarios

La rutina del campamento

Los guerrilleros madrugan mucho. A esa hora se siente un "churuqueo"; un ruido que hacen como besando duro varias veces la palma de su mano. Así el comandante despierta a su tropa, o los cita a reuniones. La razón de ese ruido es querer parecerse a un animal y no despertar sospechas de su presencia en el monte.

Los guerrilleros se turnan la "rancha", o la preparación de los alimentos. Cuando alguno cocina mal, lo doblan, es decir, repite turno. Antes de recibir la "rancha" se deben bañar. A parte de eso no hacen mucho, excepto los turnos de guardia cada dos horas, abrir huecos en los "chontos" o traer leña para cocinar. Hay una reunión en la mañana, a la cual deben llevar las noticias del día, pero no son muy inteligentes en escucharlas en la radio y se las preguntan a los secuestrados.

Los guerrilleros se reúnen los miércoles y los domingos en la noche y hacen juegos y nosotros desde nuestro cuarto escuchamos sus carcajadas.

La rutina la rompe la llegada del *Becerro* con la remesa. Entonces desbaratan el comedor y allí ponen todos los bultos con el mercado. Si estamos cerca, nos desalojan para poder desbaratarlo. Algunas veces también nos quitan de ahí para hablar de sus asuntos privados.

Los secuestrados, luego de recibir la comida, vamos a la cancha de fútbol a caminar de un lado para otro. Algunos juegan ajedrez, otros se sientan en un tronco a hablar y a observar el paisaje y de paso observan quién va a llegar. Si se divisa a alguien, que siempre es *El Becerro*, inmediatamente todos nos enteramos y miramos y esperamos hasta que finalmente llega al campamento. Esa es nuestra distracción.

Los guerrilleros cuando no quieren ser despectivos con nosotros nos dicen "compas", de compadres, me imagino, y cuando quieren ser un poco más distantes, somos los "cuchos". Algunos de los de aquí saludan a los guerrilleros: "buenos días compita". Un poco confianzudo, me parece.

Junio

Junio 18

Ayer cumplimos el cuarto domingo de estar secuestrados. Ya poco a poco nos hemos ido habituando. Hay una rutina; en medio de todo hay tranquilidad y tenemos compañeros para evitar la tristeza y las preocupaciones. Todo lo que quedó afuera está cancelado dentro de mis pensamientos.

Después del desayuno me quedé hablando con Ernesto. Me contó la historia de una ex novia a quien mataron, de cómo conoció a Vicente Fernández, de la amiga que se lo presentó y de su historia con ella. Contó que estuvo en la casa del cantante en México y que le regaló un reloj muy fino.

Ayer, después del tinto de las nueve, nos fuimos a orar junto con Ernesto y Juan. Estuvo muy bonito. Leímos varios Salmos, rezamos el Padrenuestro y muchas oraciones. Dejamos unos minutos para reflexionar. Nuestro lugar de encuentro es "la oficina", un lugar alejado, construido con varios troncos organizados. Uno de ellos está acomodado como mesa y los otros como asientos. Es cómoda, no sólo por su estructura sino por su tranquilidad. Está relativamente alejada de la casa y se puede hablar sin que nos escuchen. Queda en una parte hundida del terreno, y tampoco podemos ser observados desde muchos de los lugares de ocupación, aunque hay una pequeña colina detrás, en donde a veces se pasea un guardia.

Hay siempre dos guardias de turno, cambian cada dos horas. Uno está abajo, delante de la casa, divisando la salida de la cerca hacia el cañón y toda la montaña de en frente. El otro guardia está arriba, detrás de la casa y de la cancha de fútbol, divisando todo el campamento.

Nos hemos unido mucho con Álex y Juan. El arrocero que venía con nosotros se la pasa con Miguel, el muchacho que se canjeó por su padre. Pepe, su hermano (Pacho) y Camilo se la pasan juntos, no se despegan y ayudan mucho a los guerrilleros con las actividades diarias, a veces les lavan la loza, a veces les cuentan las noticias que deben llevar a las reuniones, etcétera. Como se la pasan juntos les decimos "Los tres".

Álex y Juan nos comentaron que "Los tres" están aquí por corruptos (dos de ellos fueron alcaldes), que por eso, si nos fijamos, ellos no se juntan mucho con los demás secuestrados, sino que andan solos. Y que además ayudan mucho a los guerrilleros, lo que les parece sospechoso. Me dicen también que son comunistas. Bueno, lástima, me habían caído como bien. También está el alemán, Karl, a quien visitamos mucho y con quien JJ juega ajedrez.

Hace varios días mataron al marrano que tanto miedo me daba. Ahora comemos cerdo. Cada vez que lo veía, yo me alejaba. Era horrible, muy grande, agresivo, hacía unos ruidos horribles y tenía unos colmillos grandísimos. Me contaron que ese marrano había matado a una vaca.

"Los tres" reciclan ahora lo que uno no se come y como a las tres de la tarde hacen un asadito con eso. Les queda muy bueno porque los guerrilleros no saben cocinar, no tienen sazón.

Por fin me dieron hojas para escribir; me hacía mucha falta. Camilo me regaló unas y Don Ángel otras. JJ cogió dos y nos fuimos a la caleta de Karl a nuestra primera clase de alemán. Invitamos a Álex que fue el de la idea y allí aprendimos los números del 1 al 999. Luego los practicamos con papelitos y así se fue pasando la tarde.

Hicimos media hora de ejercicio con Álex, JJ, Miguel, Hermes –un santandereano que lleva seis meses secuestrado– y el arrocero, que no hace ni medio abdominal y se muere de la risa, pero bueno, lo intenta. También jugué un rato con JJ y Miguel, con un balón de fútbol que da pena, es muy pequeño, está desinflado y pega muy duro.

La comida fue una cosa horrible de pasta casi derretida con los tradicionales pedazos de cerdo que mataron hace como diez días, con arroz, "cancharina" y agua de panela.

Ahora estamos Huertas, JJ y yo hablando acerca de unos soldados que liberaron las FARC por el intercambio humanitario y de las entrevistas que ellos dieron. Admirables, pues nunca se rindieron, muchos quieren seguir siendo soldados y nunca se mezclaron con los guerrilleros. Uno de ellos habló a Caracol Radio pidiendo una hora más decente para los mensajes a los secuestrados. Y tiene razón. Aquí lo que importa es el dinero, y por eso pasan los mensajes a la una de la mañana. Qué tristeza. Huertas siempre escucha las noticias con "Los tres" y luego nos las cuenta, pues nosotros no alcanzamos a escucharlas tan tarde. Lo mismo ocurre con los mensajes de la madrugada. Hoy como es lunes festivo hay mensajes de cinco a seis de la tarde. Mis papás y Pancha se han portado muy bien y siempre nos hablan por la radio, qué belleza.

Como anoche fue el día del padre, después de rezar la novena cantamos la canción de "Viejo mi querido viejo", y luego más y más canciones colombianas y boleros. Algunos se animaron, y cogieron los "miones" de guacharacas. Cuando apagaron las velitas nos dimos muchos besos con JJ, aprovechando la intimidad que nos daba la oscuridad.

(En el diario original que redacté estando secuestrada dice: "estos fueron los números que aprendimos en alemán", aparece un texto que escribí en clave, en inglés, aquí lo pongo en español):

Aquí hay siete guerrilleras. Todas tienen menos de 16 años. Es muy triste; ellas son casi prostitutas. Huertas dice que las mujeres de este grupo son "las vulvas" de los guerrilleros. A ellas les ponen una inyección obligatoria cada mes para evitar que queden embarazadas, pero yo sé que muchas de ellas tienen problemas con su periodo. Una lleva seis meses sin el periodo, otra tiene hemorragias que le duran hasta dos meses. Estas niñas están siendo usadas por los guerrilleros, o mejor, por el sistema de este grupo guerrillero. Es una buena forma para que los hombres no se desmoralicen, tenerlos contentos. Hay una niñita de 14 años que tiene una enfermedad pues los secuestrados comentan que orina con sangre.

Ellas no tienen una pareja estable, van rotando entre varios. Los que llevan secuestrados bastante tiempo testifican que las han visto mínimo con tres hombres diferentes en los últimos meses. Claro que parece no importarles, simplemente pienso que no tienen mucha educación. Una de esas niñas es de Villa Rica. Su padrastro trató de violarla varias veces y esa fue la razón para irse de su casa y tomar las armas. Es muy joven y tiene una cara muy bonita. Ha sido utilizada por varios guerrilleros. Ella estaba enamorada de uno de ellos pero los separaron y los enviaron a misiones distintas. Luego fue violada por otro tipo. Hoy ella tiene menos de 15 años y ha tenido varios usuarios (no puedo decir que amantes).

Otra muchachita fue empleada de servicio en Bogotá, pero no le gustó esa vida. Otra fue prostituta. Otra de ellas era tan perezosa, que por eso ingresó a la guerrilla. Sí, esto es para gente perezosa que no quiere esforzarse, ni trabajar. Las FARC les prometen pagos, o un plato de sopa a cambio de cargar un arma, y lo hacen. Ella se fue un día después de nuestra llegada. Dicen que fue un castigo, por perezosa, o porque parece que era ella quien gritaba que la iban a violar.

Hay unas muchachas bonitas, otras son tan niñas... Creo que algunas de ellas se arrepienten de haber ingresado a este grupo. Otras ni lo pensarán, no tenían otra opción... Yo no quiero justificarlas. Ellas no son inocentes porque día a día la vida se ha encargado de mostrarles la otra verdad. Ernesto me contó que *La pollo* no sabía que él era un secuestrado. Y apenas pudo entender la situación, le decía: "váyase, váyase y yo digo que no lo vi". Pero ella ha cambiado y ahora muchos de los secuestrados dicen que es una "hijueputa". Que todos estos guerrilleros se están volviendo unos "hijueputas" porque están lavándoles el cerebro, están siendo preparados para matar, y ser matados y ellos lo saben. Los altos mandos les dicen que no se deben involucrar con nosotros, pues no somos familia, por eso si algún día les ordenan darnos un tiro, lo harán sin ninguna duda.

Junio 19

Hoy ha llovido todo el día. Ya son las diez de la mañana y prácticamente no nos hemos levantado. Ojalá suba la temperatura a ver si me baño. Este clima produce aburrimiento, y tristeza ¿Por qué estamos aquí? ¿Qué tenemos que aprender? ¿Ya lo aprendimos? Ya me quiero ir para mi casita... Me hace falta mi familia, mi vida normal, Bogotá, la comida, una pasta bien rica, queso con bocadillo, carne asada, huevo frito, un *waffle* con helado y arequipe. Quiero comer chocolates, el chocolate caliente de mi casa con pan, pollo de Cali Mío... De aquí me encanta el arroz guerrillero (arroz con fideos), y bueno, otras cosas, pero estoy aburrida de la rutina de arroz con fríjoles, con lentejas o con arvejas. Aquí después de cada comida siempre quedo con hambre.

Hoy el comandante le pidió a JJ prueba de supervivencia. Es bueno que haya pruebas de supervivencia porque significa que el contacto de la guerrilla con nuestra familia no está roto. Además hoy cumple mi hermana Panchita. Desde que nos agarraron siempre tuve la esperanza de estar este día allá, pero ya vi que no. Por lo menos espero estar en mi cumpleaños que es el 3 de noviembre...

Ayer escuchamos mensajes. Huertas recibió como siempre el de su novia. Mi hermana habló, es la primera vez que la escucho directamente, porque siempre me cuentan los otros secuestrados el mensaje. Esta vez no lloré, sino que me puse muy feliz. Me dijo que recordara la poesía en quechua que nos aprendimos de pequeñas, pero en realidad eran unas palabras en japonés para que JJ las entendiera (JJ sabe un poco de japonés). Pero él no entendió muy bien lo que decía, aunque su interpretación es que esto va para largo. Quedamos un poco aburridos con esto.

Ayer nos reunió el comandante para regañarnos por los "chontos", pues hay personas que no tapan los desechos con tierra, lo que puede generar enfermedades. Nos advirtió que no tratáramos de comprar a sus tropas, porque dizque algunos de nosotros hemos intentado ofrecer dinero a los guardias para que nos saquen. También nos dijo que no tratáramos de hacer política con sus guerrilleros. En la mañana los hombres que nos cuidan se forman ante el comandante y le informan los eventos importantes y todo lo que decimos los secuestrados. Seguramente uno de ellos por quedar bien se inventaría ese cuento, aunque seguramente uno que otro de nosotros sí ha tratado de convencerlos de que la guerrilla no es una buena opción.

Ayer por la tarde llegó *El Becerro* con la remesa y con muchas mulas. Es patético, esa bobada aquí es un gran acontecimiento entre nosotros los secuestrados. Hacemos suposiciones y conjeturas; algunos se ilusionan porque creen que con el regreso de los animales ellos se van a ir. Ojalá esta vez sea cierto. Hay sospechas, pues los guerrilleros no han abierto la remesa, lo que puede significar un trasteo. Dicen que dos de ellos se fueron, dizque a buscar otra casa y eso es lo que hacen cada vez que liberan a alguien, cambiar de lugar. Ernesto está convencido de que se va. Volvió a meter mensajes en su cinturón; nosotros los escribimos en letra pequeña en un pedazo de papel.

Algunos lo que hicieron fue corregir o complementar los suyos, pues él ya tenía varios mensajes escondidos de cuando creyó que se iba con *Gonzalo*, el día en que llegamos. Yo hice una carta larga, explicando nuestra trayectoria y nuestra ubicación tentativa, pero JJ me la hizo cambiar, pues si le descubren las cartas a Ernesto nos podemos meter en un gran problema. Entonces simplemente conté que estábamos bien y algunos pormenores poco significativos. Como supuestamente se va Ernesto, me heredó su esfero; así ya tengo con qué escribir sin estar pidiendo las cosas prestadas a cada rato, que a veces es incómodo. Hasta me ha tocado pedirle esferos prestados a los guerrilleros, qué pereza. También me regaló unas cuerdas que tenía guardadas. Él en serio cree en su partida. Por favor que sea verdad, pues está muy ilusionado, y además lleva mucho tiempo acá metido.

Hoy pensé que de algo ha servido el secuestro. Ayer mi hermana nos dijo en un mensaje que no lo viéramos como un infortunio, sino como una oportunidad para acercarnos a Dios. Y sí, rezamos todos los días, ya nos leímos los cuatro evangelios y varios salmos, el viejo testamento, además de dedicarnos a hacer nuestras propias reflexiones. Aunque a veces me pregunto qué es lo que debemos aprender de todo esto: tal vez pueda ser el tiempo que dejé de dedicarle a mi familia por estar volando, valorar todo lo que tenemos allá y de lo que aquí nos han privado, aprender de las otras personas, acercarnos más a Dios y desprendernos un poco de lo material. Esta es prácticamente mi luna de miel con JJ y por las circunstancias ha sido muy intensa. También he reflexionado mucho acerca del país y de la situación que se está viviendo; eso es lo que me ha dado más duro (a parte de cuando pienso en mis papás). Es difícil ver que la fe y las esperanzas que tengo sobre Colombia se están desmoronando.

Dios Mío, ¿será que este país no tiene arreglo? Eso dicen los 15 que están aquí ¿Cuál es nuestro futuro aquí? ¿Cual será nuestro futuro una vez afuera? ¿Irse al extranjero? Esta opción me hace llorar, y es un tema en el que diferimos con JJ ¡Yo quiero vivir en mi tierra! ¿Qué puedo hacer por Colombia? ¿Qué hacen todos los secuestrados cuando los liberan?

Junio 20

Otra vez son las diez de la mañana y no hemos salido de la habitación, pues llueve y llueve. Otro día largo de los largos días que nos esperan. Ya empecé a aburrirme. Los primeros días estuve muy contenta de estar con otra gente; con todos hablé y a todos les pregunté su historia. Pero eso ya se terminó. El tema ahora es prácticamente el mismo, ¿quien saldrá primero? Mañana llega la remesa, el día está frío, el comandante se fue a hablar por radio, mañana va a haber movimiento, cuánto estarán pidiendo por mí, yo no tengo nada...

Ayer me bañé a pesar del frío; estaba desesperada de estar sucia y acomplejada por oler mal. Ahora tengo ganas de comer a toda hora; anoche quedé muerta del hambre y por la noche soñé con comida. También hicimos ejercicio; hicimos ocho vueltas a la casa, más o menos durante 45 minutos. Yo no quería hacer más vueltas, pues me hacían sudar y estaba recién bañada, pero sé que mantener un buen estado físico es importante.

Todas nuestras teorías se fueron al piso porque la remesa se destapó, se fue *El Becerro* y no se llevó a nadie. Por eso algunos están bien deprimidos.

Ahora que estamos en el páramo nos damos cuenta de que los diez días que estuvimos en la casa de Polo fueron buenos, pues nos daban buena comida; siempre nos sobraba y nos tocaba decirles a los "rancheros" que nos sirvieran menos. Además teníamos nuestro arbolito de naranjas y nunca nos daba hambre. Una vez nos dieron cuajada con melado y otro día avenita con galletas Saltinas desmoronadas encima. Mmmm, qué rico, qué hambre tengo...

Y esos seis milicianos en donde Polo que nos decían que la comida de ahí no era nada comparada con la de los campamentos, en donde de desayuno nos darían ensalada de frutas, y que nos iban a dar a cada uno su colchón y su cama, que había televisión, peluquero, enfermeras y médicos. Pues ya nos dimos cuenta de que la realidad es otra y que esos guerrilleros todo el tiempo y con respecto a todo nos dijeron puras mentiras. Como por ejemplo la vez que nos ilusionaron diciéndonos que íbamos para Bogotá porque habían pagado por nosotros 200 millones de pesos, ja ja ja. O cuando nos encontramos a la señora Lina, que nos dijeron que era la mama del comandante... Qué tonta yo haberles creído todos esos cuentos.

Junio 22

Ayer hubo noticia: la guerrilla se tomó Arbeláez, otro pueblo más para integrar al corredor por donde sacan a todos los secuestrados en Bogotá. Sí, los sacan por el páramo de Sumapáz hacia la Zona de Distensión por ciertas áreas y pueblos que tiene las FARC bajo su control. ¿Por qué no hace nada el ejército? Todo el mundo sabe qué pasa, menos el presidente Pastrana...

Me llegó mensaje de mi papá, como siempre conciso y muy positivo.

Por la mañana jugué cartas con Ernesto y Miguel y por la tarde, como siempre larga, caminamos mucho por la cancha de fútbol, que por el invierno está toda empantanada y llena de barro, no sé qué más hicimos. Nos auto encerramos en el cuarto después de la comida, antes que de costumbre, debido al frío.

La noche de ayer no estuvo tan amena como otras, pues casi no me duermo tratando de calentarme, y luego como que había un ratón caminando. Yo lo sentí, pasó encima de mis cobijas, lo empujé y seguí durmiendo. Luego otros sintieron al ratón por lo que dormí mal, estaba sudando del susto. JJ en este momento está jugando ajedrez; ahora juega bastante y cada vez gana más. Huertas se la pasa arreglando radios y haciendo antenas. Ahora está fabricando una con "Los tres" con una esponjilla de Bombril desenrollada.

Hoy sigue nublado. Hay un barrial terrible por todos lados pero parece que va a abrir. Ojalá, pues mi ropa no se ha podido secar en varios días.

Entre nosotros hay algunos problemas, unos pelean por el espacio de la cama, otros por las cosas. Hay siete que duermen en una cama. Ayer los cuatro más oprimidos ("Los tres" y Huertas) decidieron dormir a través y poner una tabla divisoria. Lo malo es que les toca meterse en orden para acomodarse. Esto generó problemas con los otros (Miguel, Hermes y Diego). Con una regla tomaron medidas proporcionales y sumaron los centímetros correspondientes a cada uno, pero a los otros tres no les gustó, pues se les redujo su espacio. Discutieron y unos se fueron a quejar con el comandante. No estoy de acuerdo con esa actitud, pues le estamos dando autoridad a un tipo que no la tiene. Además me parece increíble que siete viejos, todos mayores, no sean capaces de solucionar entre sí un problema tan tonto y recurran al "comandante", ¡un niño de 23 años!

Don Ángel y el arrocero (al que apodamos ahora Ñoño, por lo gordito) también pelean mucho. Pobre Ñoño durmiendo con Don Ángel que hace tanto ruido por la noche y ocupa tanto espacio. Sus peleas son muy chistosas y nos hacen reír a todos. Ñoño le dice al otro "viejo mañoso" y Don Ángel le dice "mi hijo descarriado, lo voy a mandar con los marranos". Ñoño es muy noble y casi no le pelea.

Los marranos a veces también molestan por la noche, pues se meten por debajo del piso de la casa y se rascan con las tablas de nuestro piso, o con la pared, y hacen ruidos molestos.

Ayer Ernesto nos mostró unas artesanías que hizo. Nos estuvo contando cómo fabricó sus "caletas" en miniatura, con madera de la selva donde lo tuvieron un tiempo. Nos contó de lo difícil que fue poderlas traer hasta aquí. Las tiene de regalo para su familia.

Me da la impresión de que Ernesto está como aburrido, pues hace rato tiene la ilusión de salir, pero nada que lo liberan. Es que *Gonzalo* les dijo a algunos que para las celebraciones de San Pedro estarían en la casa, y hoy ya empieza San Pedro y nadie se ha ido. Además muchos secuestrados están como locos por no poder estar en esas fiestas, que son las más importantes para los tolimenses.

Junio 23

Hoy no hemos salido del cuarto, que ya parece un chiquero, un tugurio. Tiene polvo, reguero de helechos, barro y *moronas* de comida. Por debajo de la cama de los siete hay frascos rotos, "miones" obsoletos, más polvo y más tierra. El techo son puros parches de lata, palos de madera y bolsas de plástico para las goteras. Hay cuerdas con ropa por todos lados y repisas hechas con tablas y cabuyas en donde hay pedazos de panela y arepas, calzoncillos y medias dobladas, "miones", revistas viejas, etcétera, qué desorden.

Son las tres de la tarde y del frío tan terrible no hemos podido salir en todo el día. Aunque no está lloviendo, cuando salgo a los "chontos" llego mojada. El barro está terrible y todo se ensucia: el cuarto, las cobijas, la ropa y por supuesto las botas. El problema de las botas es que ese frío se traspasa hasta los pies y es muy difícil calentarse. Los guerrilleros les ponen toallas higiénicas (cuando hay) adentro para aislar las bajas temperaturas.

Ayer hizo un poquito de sol después de tres días de invierno y me pude bañar, pero mi ropa no se había secado. Me tocó coger la camisa nueva de JJ que no se por qué no la quería estrenar y como que no le gustó mucho. Aprovechando el buen día hicimos ejercicio, caminamos y tomamos clase de alemán. Nos reímos mucho, pues nuestro profesor es muy chistoso; nos regaña, nos dice brutos y nos hace repetir varias veces la pronunciación. Nos dice sapos y estúpidos y dice que el alemán es como el español, que se pronuncia como se escribe, pero eso no es verdad.

Por la noche rezamos, y después, como todas las noches, me tocó gritarle al guardia para que quitara la cadena de la puerta y pudiera salir a desocupar mi vejiga. Me canso de tener que llamarlos todas las noches, JJ me dice que deje de tomarme el agua de panela de la comida, pero ¿por qué la voy a sacrificar?

Increíble, hoy estuve todo el día en el cuarto, qué horror. Por la mañana, hablé un rato con un guerrillero que se llama *Andrés*. Buen chino. Hace un año pidió la baja, pero no se la han dado (ni se la van a dar). Dice que tiene 17 años, y una niña de tres. Antes de entrar a la guerrilla trabajaba rayando amapola con su papá. Hermes contó que también trabajó en 1991 en ese "negocio". Increíble, nuestro compañero de secuestro...

Ya me quiero ir para mi casa; estoy aburrida de todo esto. Sé que me toca aguantar, no hay otra opción. Sólo le pido a Dios que nos de salud y fortaleza para aguantar. Bueno, y buen clima y agilidad.

Junio 26

Hoy secuestraron al organizador de la Copa América de fútbol en Colombia y todos estamos criticando la actitud cínica de nuestro payaso presidente Pastrana y su explicación. Dice que se le había advertido que no fuera por esa zona, por lo que la culpa es del señor secuestrado, y que la copa sigue porque ese secuestro fue producto de un retén al azar. Definitivamente a "Patraña" le falta cien por ciento de solidaridad y una posición fuerte. Hubieran podido exigir la liberación del señor a cambio de realizar la copa, y si no lo liberan, ¡pues se cancela la copa y punto!

Anteayer a JJ se le ocurrió que para evitar el frío en la noche hiciéramos una caleta. De mala gana le seguí su idea, porque al fin y al cabo yo siempre le sigo sus ideas. Entonces conseguimos unos palos largos que buscamos en el monte, obviamente por el área permitida. JJ los peló con machete y los colgamos del techo con cabuyas; luego por encima le pusimos un plástico de esos negros que teníamos guardados, quedamos cubiertos por encima y de lado, y así dormimos los dos. Sin embargo, mis nervios con los ratones no desaparecieron.

Viendo nuestra nueva vivienda, el comandante *Richar* nos dio una "casa", es decir, una de esas telas camufladas que ellos usan, un poco vieja, sucia, con rotos por varios lados, pero mejor que el plástico rígido que habíamos instalado. La pusimos encima de nuestra cama, y esa sí quedó lo máximo. Parece una pequeña carpa y nos aísla mucho más el frío (propósito de JJ) y los ratones (mi propósito), además de los malos olores y otros ruidos tales como los ronquidos, entre otros.

Anteayer también nos repartieron espejitos, peinillas, jabones, papel higiénico y talcos para los pies. ¡Qué rico! A mí me dieron toallas higiénicas.

La comida no nos ha sentado bien. El marrano por fin se acabó, pero lo que nos dan nos cae mal. La digestión nos cambió, es terrible. Es que estos tipos hacen unas mezclas muy malas. Hace poco nos dieron fríjoles con sardinas y agua de panela, ¿qué tal? Además los fríjoles a veces quedan duros, no comemos casi fibra y mucho menos frutas. En fin, espero que los estómagos se acostumbren.

El Becerro nuevamente llegó y, como siempre, todos nuestros compañeros comenzaron a hacer conjeturas: que esta vez sí se va a ir alguien, que porque el tipo volvió muy pronto, que porque hay unas sillas de montar, que porque escucharon al comandante preguntar si había caballos... Don Ángel dice que tiene un don; que sabe leer la mano y predecir el futuro, y que esta vez "predice" que alguien se va a ir, que va a haber movimiento. Karl dice que debe ser él quien se va, pues el comandante no le dio espejito. Pero ayer *El Becerro* se fue, nuevamente solo. Los ánimos decayeron.

Ayer al medio día comenzó a llover. Qué invierno, qué pereza. Qué triste no estar en mi casita, con mi familia, en mi camita, con sábanas limpias que rocen mi mejilla sin el estrés de sentir que están untadas de polvo, de barro o de ratón. Qué aburrido el clima, qué frío tan verraco, qué aburrimiento, qué impotencia, qué desinformación, qué incertidumbre. Y entonces, lloré. El sentimiento me pasó rápido porque estaba con JJ y no es bueno deprimirme ni mostrar desánimo, pues eso se pega y no quiero contaminarlo. Al fin y al cabo de nada me sirve llorar; además hoy hay mensajes, ojalá nos llegue alguno.

Sí, llegaron las palabras que queríamos oír. Los mensajes de la familia son reconfortantes.

Los días siguen terribles, llueve mucho. Hoy me bañé después de hacer las vueltas alrededor del campamento. Para mí estas vueltas son un entrenamiento para cuando nos liberen. Espero que cuando me vaya no tenga que usar caballo.

Junio 28

Huertas está haciendo un porta pilas para un radio con el tubo vacío de una crema dental. Aprovecha que los guerrilleros botan muchas pilas grandes de sus linternas y las recicla. JJ está jugando ajedrez. Yo acabé de llegar de "la oficina" de meditar con Juan. Le conté que hace mucho tiempo tomé un curso del método Silva, y le interesó el cuento. Por eso traté de recordar algo de lo que aprendí. Escuchamos el sonido de la naturaleza, nos relajamos y meditamos un rato. Lo disfruté mucho y me concentré muy bien. Juan me dijo que le había gustado.

Ayer llegaron diez mulas con la remesa. Es gracioso. Nuevamente empiezan las "cábalas", como les dice Huertas. La distracción comienza cuando en la montaña de enfrente se divisan unas figuritas. Todos nos paramos, unos dicen que vienen dos, otros dicen que vienen cuatro. Contamos las mulas. Miramos si viene alguien a caballo, y, si esto ocurre, comentamos que puede ser otro secuestrado más. Cuando abren los costales todos nos paramos al lado de la remesa y miramos qué trajeron, y como si fuéramos perritos nos emocionamos con lo que van sacando: ¡Uy mayonesa! ¡Uy galletas!

También parecemos recicladores; unos cogen bolsas de basura negras, otros, pedazos de cabuyas que sobran de los amarres de los costales. Guardamos siempre la esperanza de que algo se les caiga a los guerrilleros, de que se descuiden para robarnos algo o pensamos en que después nos vayan a dar Frutiño (bebida en polvo) o atún, pero usualmente siempre nos dan lo mismo y nunca vemos ni el Frutiño ni el atún, ni las galletas dulces ni la mayonesa...

Hoy está más bonito el día y ayer la tarde fue muy sabrosa. Eso ayuda a que el día se pase más rápido. Por la tarde escuchamos los mensajes. Recibí uno de mi mamá, tan linda, me puse a llorar pero nadie se dio cuenta. Los mensajes de mis papás son buenos porque son positivos y nada dramáticos. Mi papá siempre nos dice que no nos ha olvidado y que no nos preocupemos por ellos, pues están bien. Mi mamá ayer nos dijo que esto es una prueba dura, pero superable. A veces escuchamos recados un poco deprimentes para otras personas. Por el radio y el sistema de mensajes ya conocemos a otros secuestrados que quién sabe en dónde los tienen. Por ejemplo, hay dos señoras secuestradas, cada una está casada y con hijos, qué pecado; también hay dos abuelitos; hay un niño. Hay alguien que manda muy buenos mensajes. Siempre nos causa risa y nos da ánimo; creo que le habla a su hermano y siempre le cuenta de las rumbas, de paseos, de fútbol, de las amigas, que fulana está muy bonita, que estuvo con una muchacha, etcétera. Hay otros mensajes muy tristes de gente que lleva meses o años sin noticias de sus seres queridos; sólo los mantiene la esperanza de pensar que están vivos. La mayoría de mensajes se parecen: una oración y la recomendación de que le recemos a Dios, pues es el Único que puede sacarnos de acá.

Como hoy liberan a muchos soldados por aquello del intercambio humanitario, los mensajes han sido hasta graciosos, dicen: "de pronto sueltan también a civiles" u "ojalá te encuentres mal de salud para que te liberen". Hoy por fin también recibimos noticia de que se canceló la Copa América. Todos quedamos felices por eso, el país debe sentir la crisis, sobretodo los grupos económicos que le pagan a la guerrilla y además de todo se van a beneficiar de la copa. Entrevistaron a *Tirofijo*[6] y le decían los periodistas: "El *Mono Jojoy*[7] dijo que ustedes iban a respetar la Copa", y el otro contestaba: "ah, yo no sé, pregúntenle al Mono Jojoy que fue el que dijo eso". (Ahí están pintados los guerrilleros, haciendo bromas como siempre). Luego le hicieron la pregunta al Mono Jojoy y dijo: "ah, yo no sé, a mi pregúntenme de la liberación de los soldados".

Esta mañana Ernesto me contó que cuando Miguel llegó trajo mucha comida, dado que él sí sabía que venía a un secuestro al canjearse por su padre. Que por eso todos los demás secuestrados lo trataron muy bien, pero cuando se le acabó el mercado, se acabó la amistad. Miguel, la única persona de los que estamos aquí que sabía a dónde venía, ¡y no trajo ni un libro! Trajo fue un pequeño

---

6 Manuel Marulanda Vélez, alias *Tirojifo*, es comandante máximo y jefe de las Fuerzas Armadas Revolucionarias de Colombia (FARC).

7 Jorge Suarez Briceño, alias El *Mono Jojoy*, forma parte del Secretariado (el grupo directivo) de las FARC y es el comandante del Bloque Oriental, que opera en la mayor parte de la que fue la Zona de Distensión creada duante el proceso de paz del gobierno Pastrana..

televisor de pilas, pero aquí no entra la señal y además gasta muchas pilas.

Ayer también hubo conjeturas porque el comandante se peluqueó, porque Jaime, un guerrillero con cara de "hijueputa", se puso la boina, porque A y porque B, que por estas razones debe estar viniendo alguien, de pronto *Gonzalo* a llevarse a la libertad a alguno de nosotros. Se nota que estamos desocupados....

Julio

Julio 1

Anteayer fuimos a "la oficina" con Juan a meditar. Me relajé muy bien. Hubo un lapso en el que me sentí flotando y feliz. Al almuerzo milagrosamente nos dieron un tarro de atún para cada dos personas. JJ y yo lo guardamos para el hambre futura, a pesar de que comimos solamente arroz, pues los fríjoles nos han sentado mal, los hacen muy duros y tienen gorgojo. Por la tarde hicimos las diez vueltas de todos los días. Ya estoy cansada de la camisa de JJ que me huele mal, pero tengo las otras dos camisetas mojadas.

En este momento en el paisaje de enfrente se divisan personas bajando de la gran montaña, y empiezan el entretenimiento y las conjeturas. A las tres de la tarde hicimos un vía crucis muy bonito con "Los tres", recorriendo como estaciones varios lugares alrededor de la casa. Los guerrilleros se burlaban de nosotros. Hubo un grupo de secuestrados que no se unió al plan, entre ellos Álex, Miguel, Hermes y el viejo Marco. Parece que no les gustan mucho "Los tres", pero yo creo que para rezar uno lo hace y no se pone a ver con quién. Cuando íbamos terminando el vía crucis llegaron nuevos guerrilleros, ocho en total, los saludamos pero ellos no lo hicieron. El campamento por lo tanto estaba lleno, pues también estaban los que traen la remesa (*El Becerro* con sus dos hijos y un morenito que no sé cómo se llama).

Un guerrillero disparó en una habitación, la del lado del cuarto de nosotros; preciso en ese momento yo iba a entrar, ¡qué susto! Todos quedamos paralizados. Cuando estábamos comiendo se voló otro tiro en el pasillo, en las caletas de los guerrilleros ¡Dos tiros en menos de media hora! Esa segunda vez sí me dio mucha rabia porque los bobos esos estaban muertos de la risa. En ese momento, con intención de que me escucharan, dije que eso parecía un jardín de niños y no una tropa. Ojalá hayan escuchado. Huertas dice que las armas no tienen por qué dispararse solas, y mucho menos ellos deben tenerlas cargadas y sin el seguro puesto.

Por la noche escuchamos "La luciérnaga" (un programa radial); ese programa me encanta, tiene noticias y tiene humor. Luego rezamos como siempre y nos dormimos.

Ayer fue otro día lluvioso. Jugamos cartas y escuchamos la clasificación de Juan Pablo Montoya (piloto de la Fórmula 1). A las diez de la mañana unos compañeros nos llamaron a la caleta de Karl para darnos queso. Lo habían encargado por debajo de cuerda a un guerrillero que vive cerca. También nos regalaron un pedacito de panela, y la mezcla quedó deliciosa. Huertas estaba bravo, a lo mejor porque a él no le ofrecieron queso, y nos tocó suavizarlo y regalarle nuestra porción, inventándonos que se la habían mandado.

Hicimos las diez vueltas, tomamos nuestra clase de alemán la cual hace mucho tiempo no teníamos debido a los ánimos del profesor, hasta cuando llegó Ernesto con chismes e investigaciones: parece que hay cambio de comandante. Y ahí empezaron las conjeturas y las ilusiones, siempre vanas. Lo principal era que habían visto a los guerrilleros señalar a Karl (para los optimistas eso puede significar que se va, pero también puede significar que les están explicando a los nuevos guerrilleros que se trató de escapar).

Vi llegar Frutiño en la remesa y me dio un antojo inmenso, aunque nunca nos habían dado. Me atreví a pedir ¡y me dieron un sobre! Muy felices nos lo tomamos, aunque se nos olvidó pedir azúcar, pero mmmmmm, qué felicidad.

Hoy son las ocho de la mañana y estamos escuchando la carrera de Montoya. Para Huertas y JJ esto es una motivación y un aliento. Cuentan los días que faltan para escuchar la próxima carrera, y así se les pasa el tiempo más rápido.

Hablamos con Karl sobre qué vamos a hacer apenas salgamos de aquí. Nosotros no sabemos bien si parar en Melgar por un perro caliente en "Condorito" y luego comernos una ensalada de frutas con helado, o si comernos un pollo, o si parar sobre la carretera a Bogotá en "La fonda paisa" por un sancocho de gallina. Karl dice que va a parar solo a tomarse mínimo dos cervezas, que se las va a tomar con toda la calma, mirando a la gente y pensando: "ustedes no saben de dónde vengo yo". Muchas veces discutimos de todo lo que vamos a comer cuando salgamos. JJ todos los días habla de su pizza de peperoni. Álex quiere una hamburguesa.

Julio 5

El lunes nos llegó mensaje de Panchita. JJ quedó bravo con ese mensaje, pues nos pedía paciencia. El martes me pidieron prueba de supervivencia. Me la pidió el comandante nuevo que tiene cara de bonachón (aunque en el fondo seguramente es un asesino), por lo que aproveché y le dije que junto con la prueba de supervivencia le mandara saludos a mi familia y les dijeran que yo estaba bien. El hombre sólo sonrió. Algunos de mis compañeros aquí se emocionan demasiado con las supervivencias y cuando sabemos que a alguno le piden una lo felicitamos. Pero realmente no significan nada, aparte de que los guerrilleros están en conversaciones con nuestras familia (bueno, es un punto a favor).

Ayer en la madrugada recibí mensaje de mi abuelita, tan linda. Me contó que se le murió el perrito. Por la tarde llegó un mensaje de mis papás para JJ y, luego, otro de mi mamá para mí. Tan raro que nos envíen mensajes separados, debe ser que allá no dejan repetir mensajes para una misma persona.

Los mensajes son algo muy importante acá, eso nos mantiene bien. Mis compañeros cuando escuchan a mi papá dicen que es muy firme y que tiene una voz muy simpática.

Karl es muy chistoso, hoy estaba bravo, dice que su esposa es una boba porque no le ha mandado ni un mensaje. Tiene una manera muy dura de hablar; a nosotros en las clases nos dice estúpidos, a veces grita y regaña a quien sea. Anteayer se quejó ante el comandante a pleno grito porque una guerrillera que lo debía cuidar para ir a los "chontos" se paró muy cerca de él y no pudo cagar. A veces regaña porque duerme su siesta y cuando se despierta ni sus compañeros ni los guerrilleros le guardaron tinto. Y a veces baila, imita el sonido de un gato, tuerce los ojos, en fin.

La nueva tropa que llegó se ve mucho más seria, parecen ser más veteranos. Ahora hay dos comandantes. El nuevo se ve como "buena gente". Por lo menos saluda, no se ve bravo, no tiene una cara tan terrible como otros y hace los trabajos que hacen los demás guerrilleros; por ejemplo, también cocina y va a cortar leña (*Richar* no hacía nada). Aquí todos mis compañeros dicen que el nuevo comandante se ve más humano. Ayer nos reunió por primera vez y nos preguntó cómo nos había ido con la tropa. Unos hablaron de "la enfermera" (es una niña que a duras penas sabe leer, le dicen así porque es quien reparte las pastillas y por ahí tomaría un curso, quién sabe dónde, para poner inyecciones) que a veces no les da la droga que piden, otros hablaron de algunos guerrilleros que cuando están de guardia y nos acompañan al "chonto" se hacen demasiado cerca y nos cohíben, otros hablaron del peligro de las balas perdidas. El nuevo comandante dijo que iba a revisar todo eso. También nos recomendó que cuando pasara un avión nos escondiéramos, y que no dejáramos ropa colgada, que la guardáramos tan pronto estuviera seca. Este hombre parece tímido pues habla muy bajo.

Las conjeturas de mis compañeros siguen, siempre esperando la salida de alguien: que seguramente algunos de la tropa vieja se irán, que alguno de nosotros se tiene que ir con la tropa vieja, que están alistando otro lugar, que hay demasiada gente acá, etcétera.

Anteayer vino *"La loca Marlen"* a visitarnos. Ella es una señora como de unos 40 ó 50 años, de pelo castaño, ojos claros, blanca pero con sus mejillas rojas tostadas por el sol, bajita. Vive en una casita en la montaña de en frente. Nos cuentan que dizque ella vivía en Bogotá, que un señor la embaucó, le dio un bebedizo y luego le robó una finca. Que tiene otro esposo que cada mes le lleva el mercado, pero ella se lo gasta muy rápido, pues le gusta atender a la gente. Esta vez llegó al campamento pidiendo dos panelas. Vive de hacer cuajadas y envueltos, tiene unas hijas en Bogotá y unos hijos pequeñitos en una escuela cercana a su casita. Un poco antes de que llegáramos nosotros se le murió una vaca y ella mandó carne al campamento. Como está loquita, a los secuestrados no nos encierran, lo que sí ocurre cuando llegan al campamento otros civiles. Habla muy duro, grita, a los canosos les dice abuelitos y a todos los molesta y los hace reir.

He charlado mucho con Juan de la meditación y también hemos meditado. Él es el único que le pone atención a este cuento y se sugestiona de una manera impresionante. Además Juan no juega cartas, ni juega ajedrez, por lo que más le entusiasma lo de la meditación. También hablé con Héctor, quien me contó la historia de su vida, de sus hijos, (uno de ellos se quitó la vida), de sus años de juventud, de que dizque tiene dos novias (Héctor tiene 69 años), que sufrió de un cáncer en el estómago y de cómo lo atraparon estos pillos. Lo sacaron de su finca, en su propio carro, delante de su esposa.

Como siempre, hablé con Ernesto, que hoy me contó la historia de cuando era adolescente. Una vez buscando esmeraldas en la mina le tocó comerse una piedra porque llegó la policía. En otra ocasión se "enguacó", es decir, encontró una cantidad de esmeraldas. Entonces se fue a la costa y allí se malgastó todo el dinero de las esmeraldas, viviendo como un rey, hasta que se le acabó. Debían las cuentas en el hotel y no podían salir porque ya no tenían un peso, pero fue a la playa y de pura coincidencia descubrió que una gringa había dejado su cartera descuidada, aprovechó para robarle unos dólares y así pudo salir de aprietos. Definitivamente sus cuentos me entretienen mucho.

Hablé también con Álex y Karl, quienes llenos de nostalgia me describieron a sus esposas. Álex dice que su esposa es muy bonita, contó cómo la conoció y habló de sus hijos. Karl también habló de su esposa y, típico de su personalidad, nos dice que extraña sus buenas tetas.

Seguimos hablando mucho de lo que íbamos a hacer cuando saliéramos. Yo no sé, a veces pienso: qué pollo, ni qué sancocho, ni qué nada, primero nos juntaremos con la familia ¡y luego sí a comer! Pero después vienen los pensamientos más serios y más duros, en los que no quiero detenerme, en las decisiones que hay que tomar, en el dinero que tenemos que conseguir para darles a nuestros papás como compensación de lo que paguen por nuestro rescate, ¿qué pasará con el trabajo? También pienso en otras cosas que no quiero borrar de mi mente; por ejemplo, en la libertad, que debo perseguirla por el camino que sea, que debo trabajar aquí en el cautiverio para fomentar la fortaleza y animar el espíritu. Tengo que hacerme a la idea de que esto es largo y por eso debo tener todo organizado aquí: cuidar mi esferito, mi jabón y hasta una cuerda. Valorar todo, comer bien, pues no sabemos qué pueda pasar. El mensaje de mi mamá decía que comiera bien. Si supiera que aquí como todo lo que se pueda, y hasta creo que me he engordado un poco. Por la mañana en el desayuno me tomo mi caldo con papa y pasta, además me como la pasta de Ernesto porque no le gusta. Siempre me termino todo y algunas veces, si nos dan la oportunidad, repito. También nos hemos ejercitado, las diez vueltas ya son once y las seguimos haciendo con disciplina, sudamos mucho y nos entrenamos para cuando nos liberen o para cuando salgamos de acá de alguna otra forma. *(Esto lo escribí en clave: Huertas decía que si hubiera estado solo, hace tiempo se habría escapado, pero que escaparnos los tres era muy difícil. JJ insistía en que nos escapáramos los tres, por lo que estábamos entrenándonos física y mentalmente por si se presentaba una oportunidad, aunque decidimos esperar seis meses de encierro a ver qué pasaba).*

A pesar de que debo hacerme a la idea de que esto es largo, ansío estar en mi casita, estrenando el hogar que no hemos podido comenzar, compartiendo con mi familia y mis amigos, yendo a cine, y bueno, trabajando. Sigo sin extrañar mi trabajo, lo que quiere decir que no me encanta...

Ahora hay otros "tres", Hermes, Ñoño y Miguel. No se despegan. Ellos reorganizaron la forma de dormir: Ñoño echó a Ángel de vecino de cama y lo mandó a dormir arriba en la cama de los siete. Y Miguel y Hermes se bajaron a dormir al suelo con Ñoño. Me puse muy brava con ellos pues nos tumbaron una repisa en donde teníamos algunas cosas personales; cogieron la tabla, y tiraron nuestras cosas en nuestra cama. La tabla la usaron para separar su nuevo territorio del nuestro. Me pareció mal lo que hicieron, pero bueno, no dije nada aparte de renegar en voz alta. Hicimos una nueva repisa y arreglamos nuestra carpa, ahora dormimos como reyes. Ahora a este nuevo grupo de los tres no se los aguanta nadie. Se ríen a carcajadas, tiran papeles y a todos los molestan. Por la noche nuestro cuarto parece un internado. Unos se ponen bravos porque los otros no respetan y los otros estamos felices, pues ese desorden nos anima a todos y es mejor estar alegres que con caras alargadas. Por este motivo, se decidió un horario de "recocha" (desorden) que empieza desde que nos encierran hasta las ocho, hora en que comenzamos a rezar.

Ayer JJ botó el cepillo de dientes y como a él no le gusta hablarle al comandante me tocó ir a mí a pedirle otro. Huertas es igual, no les dice nada, ni siquiera les dice que va a los "chontos", él solamente hace señas mostrando su rollo de papel higiénico. El otro extremo son "Los tres". Ellos ayudan a los guerrilleros a lavar la loza, dicen que por ganarse la pega del arroz, viajan con ellos a traer leña, capan el marrano, hacen comida, bajan por la remesa, etcétera. Los guerrilleros saben que tienen ayuda, se aprovechan y siempre les piden favores: que una puntilla, que les anoten las noticias, que una aguja, que una penitencia para los juegos que hacen. Aunque cabe anotar que "Los tres" son muy serviciales, atentos y colaboradores con nosotros. Preguntan si ya tenemos tinto, nos recogen la loza, a algunos de nuestros compañeros les llevan el desayuno a la cama y a veces nos dan repetición de las comidas, pues ellos administran la pega.

JJ ayer se inventó una canción con la melodía de una ya existente, que me causó mucha gracia, decía: "todo lo que yo trabaje, todo es pa' las FARC" (la original es "todo lo que yo trabaje, todo es para ti"), es un vallenato famoso.

Puede que esto se alargue pero debemos estar siempre positivos, siempre felices. El clima ha cambiado y eso es bueno, también los mensajes ayudan, la meditación y la buena cama. Y la salud. Dios mío, gracias porque hemos tenido salud.

Julio 14

El martes tuve mensaje de mi mamá y el miércoles de dos primitas, divinas. El jueves me llegó mensaje de mi papá y el viernes de una tía. Es alentador, tanto mensaje me tiene contenta.

Hay gripa y hay piojos en los guerrilleros; me di cuenta porque cuando no están haciendo nada, es decir la mayoría del tiempo, una guerrillera le escarba a la otra la cabeza. Ojalá no se nos peguen, Dios mío, Dios mío danos salud.

Me queda solamente esta hoja para escribir. Llevo tiempos pidiendo un cuaderno, pero nada que me lo dan. Por lo menos se demoran con eso y no con el papel higiénico, aunque ya casi no me dan, pues *La Pollo* informó que yo gastaba mucho. A Juan también le demoraron un rollo de papel tres días. Además anteayer que fui a los "chontos" estaba el nuevo comandante con *Jaime* (un guerrillero que ya no se ve tan joven y tiene una cara de "hijueputa" terrible) abriendo allí más huecos; yo les pedí que se alejaran un poquito y no quisieron. Se rieron y me dijeron que tranquila, que no me diera pena, y no se fueron. Igual ya no me importa. Decidí no amargarme. Que se amarguen los que quieran ver culos y bollos. Otra manera de no amargarse es hacer lo que hace Álex, que cuando va a los "chontos" y están ellos por ahí piensa: "me les voy a cagar".

Las "cábalas", como les dice Huertas, siguen apareciendo. Nunca pasa nada pero la gente sigue maquinando. Le preguntaron a *Richar* por qué no pasaba nada, y él respondió que por qué no escuchaban más noticias, que primero estaba lo táctico-militar, y luego nosotros.

Anteayer se volaron otros dos tiros, afortunadamente en la cancha de fútbol, qué inseguridad, espero que nunca pase nada, qué tontos y qué irresponsables son estos tipos para manejar un arma. También anteayer nos tocó un espectáculo incómodo, pues de noche, al lado de nuestro cuarto se escuchaba una muchacha llorando, gritaba que no, que por favor no. Yo estaba preocupada pensando qué le podrían estar haciendo. Al día siguiente me contaron que ella le tiene pavor a las inyecciones y sus gritos eran debidos a la aplicación de la dosis obligatoria para evitar embarazos.

Ya me acabé el libro *El Karina* de Germán Castro Caicedo, uno de los pocos libros que hay por ahí rondando. Lo malo es que me lo terminé muy rápido y ya no hay mucho que leer, excepto unos libros revolucionarios comunistas demasiado complejos, tediosos y enredados. Por ejemplo, hay un diccionario revolucionario en el que a cualquier palabra que uno busque le relacionan un cuento de la explotación, la plusvalía y el marxismo, sea la palabra que sea. Hay unos pocos periódicos revolucionarios como *"Voz"* que aparecen de vez en cuando y unas pocas revistas viejas que ya nos leímos. Yo ya no sé como matar o aprovechar el tiempo, porque ni papel hay para escribir, las clases de alemán no volvieron, radio propio no tenemos y nos toca aguantarnos la emisora local que ponen "Los tres" o las carrileras y las rancheras que pone todo el día Ernesto.

El plan que hay ahora es hacer cuerdas a partir de costales viejos. Los deshilan, unen los hilos con nudos, luego los entorchan para que queden más gruesos, queman las uniones con candela y quedan unas cuerdas hasta bonitas. Además nosotros seguimos corriendo las vueltas. Otros hacen palitos y cucharas tallando madera que agarran por ahí o que toman de la leña que traen los guerrilleros para cocinar. Huertas arregla radios, hace antenas distribuyéndolas por toda la casa y hace lamparitas con los forros de la crema dental, allí pone las pilas y esto queda de base, coge bombillos de linternas dañadas y los tarros de los jabones los vuelve la caperuza. Ya todos los guerrilleros tienen una.

A veces la charla se acaba y no hay nada que contar, aunque hace como dos días algunos nos reunimos a hablar de si después de esto el dinero va a ser más o menos importante que ahora, y filosofamos un poco acerca del tema. Todos coincidimos en que ya no hay que acumularlo y obsesionarse por obtenerlo. Más bien debemos disfrutar de la compañía con los seres queridos, en lugar de trabajar tanto. Muchos comentaban que era injusto haber trabajado tanto, sacrificando tanto tiempo con la familia, para que ahora todos sus ahorros vayan a parar a estos delincuentes.

Julio 16

Hoy *La pollo* echó toda la loza en el tronco, que es donde se almacena toda el agua que usamos para bañarnos y lavar ropa; ensució toda el agua, qué rabia.

Huertas como siempre con sus chistes y sus cinismos molesta al pobre Ñoño y a cada rato le dice que se va a morir, que no va a llegar a viejo, que está igual que Moisa (así se llama el marrano que queda). Es verdad que Ñoño está gordito y que tiene un estado físico pésimo, pero qué pecado que Huertas lo moleste así.

En un momento estábamos hablando de un pajarito que llaman soledad, dicen que es el ave de la libertad, pues lo han visto justo antes de que alguien se vaya (sea un guerrillero o un secuestrado), ¡y lo vimos! Cuentan que el primero que lo ve, se va. Hermes decía que el único pajarito de la libertad que él ve es cuando va a orinar, ja ja.

Ahora el entretenimiento de JJ y de Huertas es trabajar la madera. JJ está haciendo una cuchara y Huertas las fichas del ajedrez. Usan una navaja que logró guardar Huertas, una cuchara metálica que afilaron con una piedra y una pequeña palita que les prestaron "Los tres".

Huertas a veces les toma el pelo a los que rezan y les dice que el único que los puede sacar de aquí es San Billete.

Anteayer los guerrilleros por fin estaban entrenando y trotando como unos soldados. El nuevo comandante los puso a marchar. Cuando terminan su entrenamiento les dan avena con galletas, ¡qué envidia! Qué rico tomarse una avena. Yo logré que me dieran un poquito, eso me supo a gloria. Después del episodio, pensábamos con JJ a lo que ha llegado nuestro nivel de felicidad. JJ dijo que le había pasado lo mismo con un pedacito de panela...

Hoy la entretención ha sido la vaca que trajeron. Sacrificarla, cortar la carne, cortar las vísceras y "Los tres" ya están haciendo morcillas. Lástima que los guerrilleros desperdicien esa carne al cocinarla y cortarla tan mal.

Cuando estaban haciendo el arroz hablé con uno de "Los tres", Pepe, quien me contó que le encanta la gente, el pueblo, y que por eso es político, dice que cuando salga le esperan cuatro años de cárcel, no por corrupto, sino gracias a sus enemigos políticos. Pepe es muy gentil, fue quien nos dio "la bienvenida" en este campamento, es muy servicial, siempre atendiendo a quien lo necesite. Es el que lleva los desayunos a la cama de los que no quieren levantarse y se ha ganado el cariño hasta de los guerrilleros. Lo que pasa es que casi todo el resto de nosotros (incluida yo) tenemos otro estilo. No tenemos nada que ver con los guerrilleros, nos tienen secuestrados, ¿por qué vamos a lavarles la loza o a elogiarlos?

A nosotros nos habían puesto en contra de "Los tres" cuando llegamos, pero según investigaciones de Huertas, de pronto el único sospechoso es Pacho (hermano de Pepe) que habla mal de la gente y predispone a los otros dos. Claro que una cosa es colaboración, como "Los 3", y otra adulación, como Ángel o Juan, que todo el tiempo lo hacen con los guerrilleros. Aquí de verdad no hay mucha unión, a veces todos juzgamos a los otros, hasta porque llevan tres días sin bañarse. Tampoco dejan a nadie en paz, por cualquier comportamiento se forma la burla.

El sábado en la madrugada llegó mensaje de mi papá, me contaron que dizque dijo algo sobre el lavado de cerebro, pero no sé si nos quería decir que nos laváramos el cerebro haciéndonos a la idea de la situación o que no nos dejáramos lavar el cerebro de estos delincuentes.

Julio 17

Anoche se pelearon los dos viejos: Ángel y Diego. Nos despertaron a las dos de la mañana con golpes y gritos. Lo que pasa es que Ángel ronca, además tiene gripa y tose. Y Diego no es muy tolerante, dice que tiene que dormir con espacio por lo que tuvo cáncer, no soporta al otro como nuevo vecino, entonces le da codazos (a Huertas le pasaba lo mismo cuando era su vecino). Hoy, por supuesto, ese es el tema y cada uno toma partido por uno de los dos viejos.

Anoche la comida estuvo excelente, ¡qué felicidad! Hubo arroz con leche, carne y papa. Cómo será que Diego dijo que en los cuatro meses que llevaba acá, era la mejor comida que le habían dado.

Parece que la cosa sigue dura entre guerrilla y militares por la zona donde estuvimos antes, por Dolores, que es donde prácticamente opera el Frente 25.

Ayer Miguel y Álex hablaron con un guardia, cuando los acompañaba a los "chontos". Miguel le confió que estaba triste, que no veía "movimiento", y el guardia le dijo que se tranquilizara, que su papá había estado conversando con el Frente. Entonces se animaron y siguieron interrogándolo, le preguntaron que quién más podía estar tranquilo, y el guardia dijo que los parapentistas. Verdad o mentira, quién sabe, pero salió una lucecita de alegría y esperanza. ¿Qué tal que sí nos suelten? Dios mío, ojalá salgamos pronto. Claro que en días como hoy la cosa no es tan grave, pues hay un sol divino y la comida está buena, ¡para qué más! Pero cuando pienso en todo lo que está afuera, lo que dejé pendiente, inconcluso; cuando recuerdo a la familia, a mis papás, y lo que nos estamos perdiendo, es terrible. Es muy duro despertarse en la noche y acordarse de que estamos secuestrados, sobretodo cuando llegan esos sueños tan bonitos que normalmente tengo, en donde estoy libre, me están liberando o estoy contando que acabé de llegar de un secuestro. Mi sueño de anoche era que nos dejaban en una carretera. Estábamos allí Huertas, JJ y yo esperando el transporte para llegar a Bogotá.

Estos guerrilleros son hasta chistosos. Hoy uno de ellos nos contó que Schumacher (piloto de la Fórmula 1) se había accidentado y que "casi se mata, pues salió ileso". Qué ignorancia, creerá que ileso significa herido, qué pecado. La otra vez estaban discutiendo entre ellos acerca del sexo oral, y uno de ellos les explicaba a los otros que eso era "sexo por horas..."

Julio 18

Ayer martes recibí mensaje de mi mamá y hoy de mi abuelita.

La pollo es la que peor cocina. Ayer estaba repartiendo el tinto de las tres de la tarde junto con *James* (un guerrillero) y al mismo tiempo les estaba repartiendo avena a los guerrilleros. Yo le pedí un poco de avena, porque sobraba, y *La Pollo* se puso histérica y le dijo a *James* que no repartiera, que no iba a alcanzar. Menos mal él le dijo: "usted prefiere botarla que repartirla". Hoy al desayuno y al tinto *La Pollo* no me dio bebida ni en medio pocillo de tinto de los pequeños. Hay muy pocos pocillos de los grandes, la gente sabe, y al llegar el tinto todos tratamos de cogerlos, aunque yo disimulo y no me lanzo como un animal, y luego la gente no suelta ese pocillo hasta que nos reparten el chocolate.

Ayer JJ quedó bravo porque fue a los "chontos" y había otra persona, él estaba esperando a que saliera y la guerrillera que lo acompañaba le dijo "¿ya va a cagar?, porque yo no tengo todo el día", y JJ le respondió que él no "cagaba", que él poposeaba, defecaba o hacía del cuerpo, y que si quería, él volvería después con otro guardia. Entonces la guerrillera se quedó callada y cuando JJ fue al "chonto" ella se le orinó al lado. (Definitivamente ellos no tienen pena).

Julio 20

Seguimos comiendo bien. Hoy al desayuno nos dieron carne y pude repetir chocolate. Les advertí a los guerrilleros que si les sobraba, no lo botaran, pues ayer sí lo hicieron. ¿Cómo no se les ocurre ofrecer lo que les sobra?. Prefieren desperdiciarlo que ofrecerlo....

Ayer fue un día tranquilo, como todos, en donde literalmente desayunamos y quedamos libres. Son días en los que nada pasa aparte de las horas. JJ juega mucho ajedrez, Huertas sigue tallando las fichas y yo escribo y hablo mucho con la gente. Seguimos con el ejercicio, ya hacemos 12 vueltas y luego hacemos abdominales. Ñoño trata de correr con nosotros y ha progresado mucho.

Acá todos nos comportamos de manera diferente con los guerrilleros: "Los tres" son los más complacientes, nosotros simplemente hablamos cuando lo necesitamos y el extremo es Huertas que nunca les ha dirigido la palabra y ni los mira. Hay otros que no tienen dignidad y corren cuando el comandante quiere jugar ajedrez, comienzan a acosar a los que están usando el tablero "porque el comandante quiere jugar ajedrez", doblegándose ante nuestro verdugo, eso es. Y lo peor de todo es que a veces lo dejan ganar, ¡sólo por darle gusto! Bueno, son estilos, no puedo juzgar, pero no entiendo por qué tenemos que rendirles pleitesía a estas personas.

Ayer el entretenimiento fue ver a una perra en celo perseguida por cuatro perros. La pobre corría para arriba y para abajo; los secuestrados, que no tenemos nada que hacer, nos paramos a mirarlos y Huertas dice: "se parece a nosotros, sólo es cambiar la perra por una bandeja de carne y el espectáculo es el mismo". Algunos lo miraron mal. Huertas y su sarcasmo...Le toma el pelo a Ñoño, quien a pesar de haber bajado diez kilos sigue muy gordo, le dice que si no ha pensado posar para Botero. Noño es muy noble y lo único que le responde es "!ay Dios Mio, qué será lo que estoy pagando aquí!", y Huertas le responde que más bien está aquí por no haber pagado, ja ja. Cuando Huertas pelea con alguien le dice "pues pague rápido y váyase hermano".

Algunos de nosotros se la pasan adulando a los guerrilleros, que muy buenos días comandante, que cómo amanecieron. Huertas les toma el pelo y les dice que afinen el coro de "hasta mañana comandante". Y efectivamente la despedida de anoche estuvo pobre y no hubo coro.

Ahora nuestro sitio predilecto es este, "la oficina", aquí no se ven ni armas, ni guerrilleros y el tiempo se pasa rápido. Acá pienso en nuestra situación y es gracioso, entre nosotros los 16 está representado el país, y entendemos entonces por qué estamos como estamos, si ni siquiera hay unión entre los secuestrados; si para arreglar un problema recurrimos a los guerrilleros, más jóvenes, menos educados; si de los secuestrados hay unos que parecen del otro bando... Hay quienes quieren ser líderes, otros sólo piensan en ellos mismos...

El viejito Marco es muy malicioso, le encanta el espectáculo de ver bañar a las guerrilleras, y es de los primeros que busca el plato y el pocillo más grandes cuando nos sirven la comida.

Julio 21

Hoy cumplimos tres meses de casados con JJ.

Ayer hubo mensajes. Yo recibí de mi mamá, de mi hermana y de mi tía Stella. Escuchamos que secuestraron a un señor en Saldaña. Pensamos que podía venir para acá, pues lo secuestraron los de este Frente.

Esta mañana se me pasó muy rápido con eso del ajedrez, pues decidí no temerle más a ese juego y aprender. Pensando en el tiempo a veces creo que parece perdido y siento que estoy dejando de ver y hacer muchas cosas afuera, como estar con la familia, con los amigos, los cumpleaños, tanto... Sólo encuentro una respuesta: hay que aprovechar de alguna manera el momento que estamos viviendo aquí, como sea. Que no sean días ni meses perdidos. Por eso me propongo seguir corriendo las vueltas, empezar a entender el ajedrez, entablar amistades (aunque no con todos) y reflexionar mucho. La reflexión me da susto, pues implica reencaminar la vida y a veces siento que he perdido eso o que puedo perder la vida que llevaba antes por lo que nos pasó y por la situación del país. JJ a cada rato dice que Colombia está acabada, para mí es duro escuchar eso, yo creo que no todo está perdido. Todos mis sueños están puestos aquí y ahora me quedé sin piso, JJ piensa otras cosas. ¿A veces el futuro llega sin que nos demos cuenta, no? Ahora que he recibido mensajes tan seguidos de mi familia y que me he dado cuenta de su sufrimiento, lo que más quiero es poder estar con ellos. Mi mamá, quiero ver a mi mamá, y mejor ni pienso más en ella, pues me dan ganas de llorar. Dios mío, sácanos del cautiverio rápido, por favor.

Los sueños con la libertad siguen, anoche soñé con nuestra entrega, que me devolvían mi Jeep y que mi mamá estaba entregando un dinero, pero que le faltaba un pedazo...

Julio 23

Ayer cumplió años Juan. Al despertarnos todos le cantamos "Yo también tuve veinte años" y "Las mañanitas". Le alistamos también una pequeña merienda. Hicimos unas sardinas, de la reserva de "Los tres", con salsa de tomate y mayonesa, también de las reservas, y los guerrilleros nos regalaron cebolla. Eso se lo dimos con el tinto y con una gran arepa en reemplazo de la torta. Mejor dicho, fue un cumpleaños con todas las de la ley. Adornamos la mesa con un mantel que era nuestro plástico negro, y había hasta un florero: una botella de aceite vacía con dos flores que encontré por ahí en el monte (por ser la mujer del grupo, fui delegada para hacer la decoración del lugar). Pepe dijo unas palabras muy bonitas y luego le entregamos a Juan una hoja con las canciones que habíamos preparado junto con las dedicatorias, a manera de tarjeta. Juan dijo que cuando saliera a la libertad la iba a enmarcar.

El sábado en la noche algunos se quedaron despiertos de una de la mañana a tres de la mañana escuchando los mensajes de radio. Dicen que a JJ le llegó un mensaje de su mamá. También llamó a la emisora una ex secuestrada, ya liberada. Me dio mucha felicidad saber que ella ya está afuera, pues por lo que sabía es una señora con hijos, su familia siempre le enviaba mensajes. En la radio también mencionaron a Karl. Él no escuchó, pero cuando le comentaron el hecho cambió completamente de semblante, pues había estado muy malgeniado. Lo más chistoso es la manera como apareció en la noticia: dijeron que los departamentos que tienen más secuestrados son Antioquia, Cesar y Tolima. Y que en Tolima solamente hay un extranjero secuestrado que se llama Karl (la noticia no era él, sino una estadística). Esa fue toda la noticia, lo que pasa es que al alemán tal vez se la contaron diferente; es que el hombre se emociona con unas cosas mínimas, es de aquellos a los que le brillan sus ojitos cada vez que llega

El Becerro y que se deprime cuando se va. Huertas, como siempre, comenzó a tomarle el pelo, decía en voz alta "yo salgo de aquí es cuando me mencionen por radio".

En las noticias están hablando de un cese al fuego para negociar, pero nada dicen de la liberación de los secuestrados. El gobierno le pide a la guerrilla que se concentren en un solo lugar, pero ellos dicen que se ubican en los lugares que controlen (es decir, medio país). Un cese al fuego sin liberación de secuestrados no nos sirve, ni siquiera a los que están afuera les funciona, pues los guerrilleros pueden seguir secuestrando... Es más, esto sirve para secuestrar más, ya que no tienen la presión del ejército. Además, como la guerrilla ya no tiene que combatir, se puede dedicar a custodiar a sus prisioneros: menos combatientes, más guardianes. Y temo que nuestro señor presidente, en su último año, se va a abrir de patas en las negociaciones para tratar de lograr lo que no ha podido hacer en tres años.

JJ me hizo dar cuenta de algo irónico: la guerrilla es en teoría antiimperialista y antiyanquis, pero sus guerrilleros tienen asignados en su mayoría nombres gringos como *Peter*, *Richar*, *Dayana*, etcétera. Yo me leí la revista de ellos que se llama Resistencia. Dicen que el General Santander es un traidor, creador de los dos partidos (liberal y conservador) y que por eso ellos son "Bolivarianos". Lo mezclan con el marxismo, el leninismo y el antiimperialismo, lo cual me suena a un jugo de papaya con limón, cebolla y fríjoles. Y a propósito del antiimperialismo, ellos dicen ahí en esa revista que cuando se tomen el poder van a hacer un buen acuerdo con las multinacionales. En la revista se capta también la idea de la toma del poder, en ningún lado hablan de paz (¿"Patraña", nuestro presidente, no se leerá una de estas revistas por curiosidad o como herramienta para una mejor negociación? Creo que no). Hay un artículo acerca de los niños en la guerra, que justifican argumentando que los menores son víctimas y parte de la guerra, y por eso está bien que se unan a la lucha y los recluten para combatir. También encontré caricaturas de Carlos Castaño[8] (del grupo paramilitar) con una motosierra y sangre.

Ahora llegó Juan. JJ y yo estamos hablando con él del país, de la preparación militar, de la educación, de la moral, de la capacidad de los dirigentes, de nuestras esperanzas frente a las políticas actuales. En esto último diferimos un poco con él, pues creemos que si es por la política, nunca vamos a salir de este hueco… Juan cree que es mejor la negociación para el intercambio de civiles.

---

8 Carlos Castaño fue comandante y jefe de las AUC (Autodefensas Unidas de Colombia), que en un momento reunía a todos los bloques de paramilitares del país. Fue asesinado por los propios paramiltiares en abril de 2004, cuando apenas comenzaba la desmovilización de este grupo armado en el gobierno del Presidente Álvaro Uribe Vélez.

Julio 25

Ayer y anteayer los días estuvieron tristes, lluviosos y bastante fríos. JJ y yo aprovechamos y nos metimos en nuestra caleta. Estábamos en ese plan, escuchando radio, solos, cuando salió un programa de Shakira, quedamos felices, cantamos todas las canciones que nos sabíamos y las otras las tarareamos. ¡Por fin pudimos escuchar otra música! Es que estamos cansados de las carrileras y las rancheras, que cuando no las ponen los guerrilleros, las pone Ernesto.

Ayer hubo mensajes. Mi mamá me contó que apareció mi "caja de miel" *(la caja de miel es mi Jeep. Al carro de mi papá, por ser tan feo, le dicen la "caja de mierda". El mensaje fue en clave y lo comprendí al instante).*

"La oficina" ahora se convirtió también en el taller de Huertas. Tiene aquí un poco de palos y troncos secando, otros ya seleccionados en una bolsa, además de sus herramientas (un pedazo de manivela que se encontró tirada y que sirve de martillo, y una lima, que era antes su cuchara metálica, afilada por él mismo). JJ está afilando otra cuchara (la mía), pues yo ahora como con una de madera que él me hizo. Ahora cuidamos mucho nuestra "oficina"; para que no se mojen los asientos todas las tardes volteamos los troncos boca abajo.

Se acaba de bañar la guerrillera coqueta, que siempre que lo hace se para en una piedra alta para que la miren, se ríe a carcajadas para que la escuchen y dura el mayor tiempo posible en ropa interior. Huertas dice que eso es lo que tiene vivo a Ángel (y a Marco, digo yo)

"Los tres" se han portado excelentemente con nosotros, a pesar de lo que la gente habla. A Huertas siempre le consiguen su pega del arroz, que le encanta y a mí me llevan la repetición. Camilo siempre es el que guía la oración por la noche, tiene diferentes libritos de Jesús y varias novenas. Pepe quiere a todo el mundo, incluyendo a los guerrilleros y Pacho es muy servicial con nosotros y nos enseña ajedrez.

En el ajedrez empieza a haber conflictos y es hasta gracioso. A JJ no le gusta jugar con Ángel porque canta, sobretodo cuando va ganando. Tampoco le gusta porque cuando el comandante quiere jugar, Ángel le interrumpe el juego al que sea para complacerlo. Karl también hace lo mismo con el comandante, por lo que JJ también le niega el juego ahora. Ángel y Karl no compiten con Álex porque es muy lento y Álex no juega con Karl porque éste no acepta perder. Ángel y Karl pelean todo el tiempo y se hacen trampa, pero como nadie quiere jugar con ellos, cada uno vuelve hacia el otro con el rabo entre las piernas.

A veces por la noche JJ me hace cosquillas y yo me río mucho. Nuestros vecinos se la gozan con nosotros, y cada vez que yo me río por las cosquillas ellos también lo hacen (tal vez por malpensados). Nos halan la carpa o nos botan medias y sólo con eso se mueren de la risa.

Son los tres más alegres con su líder, que es Ñoño, que ha resultado muy buena persona, muy noble y así como molesta deja que lo molesten. JJ le dice que las fábricas y establecimientos de empanadas, cerveza y buñuelos se están quebrando en el Espinal, ja ja.

Ayer los guerrilleros le estaban diciendo a Pepe que la toma del poder es muy fácil, pues el gobierno tiene siete países aliados (los siete de la mesa de negociación) y que ellos tienen 20. Debe ser eso lo que les están enseñando en las reuniones nocturnas. No sobra un poco de estudio... Por ejemplo, hoy uno de ellos estaba preguntando que quién era el presidente de Cuba...

Julio 28

Hoy escuchamos la clasificación de la Fórmula 1 y ganó Juan Pablo Montoya, eso tiene contentos a Huertas y a JJ.

El miércoles habló por la radio la recién liberada, quien agradeció a sus captores por el buen trato. Esto generó polémica acá, pues unos dicen que debemos agradecerles a estos guerrilleros que no nos tienen en el monte, ni nos han amenazado con un arma, etcétera. Otros no estamos de acuerdo con esto, especialmente Huertas que cuando oye este tipo de opiniones les advierte que se cuiden de la enfermedad de Estocolmo[9]. Para mí, debemos agrade-

---

[9] La enfermedad de Estocolmo es una condición psicológica en la que la víctima establece una relación de complicidad con su verdugo.

cerle a DIOS (no a ellos) de no estar peor, y de tener lo necesario para vivir: un techo con goteras, pero techo; una cama de helechos, pero cama; y comida, no muy buena, tampoco mala, pero comida, al fin y al cabo es la misma que comen nuestros captores. Aunque confieso que me hacen falta las frutas y las verduras, un juguito, el huevo, la carne o el pollo, es decir la variedad.

Ayer ocurrió el secuestro masivo de 15 personas en Neiva. Más secuestros. Los últimos días han secuestrado a tres alemanes, a Alan Jara y ahora a estos 15. Pero aquí en Colombia nada pasa, el ejército no respondió bien porque estaban viendo un partido de la Copa América y porque son ineficientes. Pastrana es un baboso que está pendiente de esa puta Copa y en lugar de tener una reacción al evento ocurrido, lo que escuchamos fue una disculpa: que las FARC no habían hecho eso, que no era posible que se hubieran llevado a los secuestrados a la Zona de Distensión... Sí, aquí hay una prueba, NOSOTROS ESTAMOS EN ZONA DE DISTENSIÓN. Esto es el colmo. Este secuestro debería ser objeto para parar las negociaciones, pero nada podemos esperar de nuestro presidente... A propósito, decidimos dejar constancia de que estamos secuestrados aquí, en algún lugar de la Zona de Distensión, y que si algún día se necesita una prueba para demostrarlo, la haya. Escribimos en un papel los nombres de nosotros 16 con las palabras: "aquí estuvimos secuestrados" y la fecha. Lo forramos en un plástico y lo ocultamos debajo de una piedra, ¿se destapará algún día?

¿Qué hace País Libre (ONG) además de ayudar con los mensajes por radio? No sé, pero les mandamos una idea. Los guerrilleros hacen propaganda a través de ciertas emisoras, como Voz, para que los jóvenes campesinos se vinculen a ellos, pero nadie les bloquea la emisora o por lo menos nadie les hace una contra propaganda (increíble)...

Definitivamente sí hay ratones en el cuarto, ayer apareció la evidencia: un ratón dentro de un frasco de agua, ahogado. El frasco lo dejan "Los tres" en una repisa para tomar agua por la noche. Y lo peor es que en esa oscuridad ellos tomaron agua ¡con el ratón adentro!

Ayer por la mañana estuve un poco deprimida, no sé por qué. Tenía un poco de aburrimiento, un poco de incomodidad, un poco de mal genio. Anteayer también me sentí mal y lloré porque con el almuerzo nos dieron colada, que me encanta, pero me tocó en un pocillo pequeño y yo quería repetir. Le dije a JJ que pidiera más, pero le dijeron que no había. Después vi que varios guerrilleros tomaron más, lo mismo que "Los tres" y todavía sobraba, ¡qué rabia! Yo muriéndome por una estúpida colada, mirándola cual mendiga que sabe que hay y no le dan. Al final me dieron, tal vez al verme tan desconsolada, pero me sentí humillada y lloré.

Julio 31

Escuchamos unas noticias por la radio que causaron conmoción *(entre los guerrilleros)*. Agarraron a tres milicianos en Icononzo que dizque de este Frente. Hoy el día ha estado lluvioso, sin embargo estoy feliz. Salen rayitos pequeños de luz y me hacen creer que hay esperanza, que la justicia existe, que esto no es eterno. *(Esto no lo escribí por seguridad, pero dentro de las personas que agarraron en ese pueblo estaba incluido alias* Norbei, *el jefe de los que nos cuidaron en la casa de Polo, nos enteramos de que estaba sindicado del asesinato de unos irlandeses).*

Hoy una guerrillera estaba llorando y estaba preguntándole a otro compañero de ella acerca del intercambio de guerrilleros presos por secuestrados (ahí si lloran, cuando están presos. Seguramente alguno de los que agarraron en Icononzo era su amigo).

Ayer, como siempre, dimos las 13 vueltas, ¡ya vamos en 13! Luego hicimos abdominales y flexiones, cada vez mejoramos más y nos sentimos muy bien, pues hacemos algo productivo por nosotros mismos, aunque sea sólo eso.

Hace poco sonó el Himno Nacional por radio, por aquello de los partidos de la Copa América y la capitana, –llamada así por ser la novia del comandante–, dijo dirigiéndose a nadie, pero lo suficientemente duro para que varios escucháramos: "deberían quitar esa mierda y poner el himno de las FARC". Irónicamente "esa mierda" como la llama ella, habla de Simón Bolivar, a quien tanto ellos admiran, de sus batallas y de sus hazañas. Lo que pasa es que ellos no se deben saber la letra del himno, ni tampoco deben saber la historia del Libertador. La capitana, una mujer muy joven, de cabello muy largo, es un poco brusca, juega fútbol mejor que un hombre, ¡y le pega al comandante!

Con el tiempo, poco a poco, vamos conociendo a las personas. A nosotros nos habían hablado mal de "Los tres", nos habían dicho que eran comunistas, pues de izquierdistas no tienen nada. He hablado con Camilo, quien habla muy mal de la guerrilla y le gusta mucho Álvaro Uribe Vélez[10]. También nos habían dicho que dizque eran corruptos, y con el corazón tan grande que tienen no creo que lo sean. Su colaboración con los guerrilleros acá es por ocupar su tiempo, por nobleza, por conversar con ellos, por ganarse los sobrados y la pega del arroz. Así se dan "el lujo" de administrar las sobras de las ollas. Con nosotros se han portado muy bien, Camilo me ha prestado unos libros con unas reflexiones muy bonitas, son de aquellos que alimentan el espíritu. Pacho nos da clases de ajedrez y está pendiente de si queremos repetición de maíz o de agua de poleo (el poleo es una hierba que se encuentra

---

10 Álvaro Uribe Vélez era en ese momento candidato a la Presidencia de Colombia.

en estas montañas, tiene un sabor muy especial, la usan para hacer morcillas y aguas aromáticas. Algunas veces "Los tres" recogen poleo y por las noches nos hacen una agüita caliente para dormir sabroso). Pepe es un hombre muy carismático y le he descubierto otra faceta: su conocimiento sobre la Biblia. Me contó que casi se ordena de sacerdote. Entonces ahora por las noches leemos pasajes de la Biblia que luego Pepe explica muy bien.

Camilo nos contó historias de gente de su pueblo, algunas relacionadas con la guerrilla. Que las FARC asesinan a los marihuaneros y drogadictos, pero nunca tocan a los proveedores de la droga... Diego, desde que quedó vecino de Angel, no volvió a hacer su siesta, así se esté congelando del frío, y ahora me tiene a mi jugando todo el tiempo dominó.

Al hablar con Huertas y JJ dicen que lo que más duro les ha dado es la convivencia. Juan no nos saluda, pero cuando pasa el comandante le hace la venia. Su explicación es que él es un señor muy educado, pero no entiendo entonces porqué a nosotros no nos saluda. Con Karl definitivamente rompimos relaciones. No hubo gran pelea, ni nada, pero él está demasiado susceptible y variable y no sabemos cuándo podemos hablarle. Con Miguel peleamos porque nos pisó nuestras camas y nuestros overoles y los dejó llenos de barro, en fin.

El idiota de Pastrana salió ayer en la radio hablando de fútbol, habiendo tantos problemas... Cómo sería que varios creímos que estaban imitándolo en el programa de humor "La luciérnaga".

Agosto

Agosto 5

Llevamos casi ocho días de invierno y siete de lluvias. El frío es exagerado, la visibilidad casi nula, no se ven las montañas, ni nada más allá de cinco metros. La niebla tiene pequeñas gotitas, y así no esté lloviendo, igual todo se moja. Hace más de ocho días que no me baño. La ropa que lavamos no se seca. Ayer, que el clima no estuvo tan terrible, resultó peor que todos los días, pues nos encerraron en el cuarto desde las nueve y media de la mañana hasta las seis de la tarde. Estuvimos todo el día aquí, en este horrible cuarto, todos hacinados, sin espacio, incluyendo a Karl que duerme afuera. No podemos caminar, no podemos casi ni estar parados, por lo que cada uno se hace en su cama. Aquí almorzamos, tomamos el tinto y comimos. Sólo al final del día nos dejaron salir a lavarnos los dientes. Nunca nos había tocado estar encerrados tanto tiempo. Fue que vino un civil a arreglar la planta eléctrica, que nunca he visto funcionar y de la cual obviamente no haremos uso nosotros.

Hoy JJ lavó sus *jeans* y también mi pantalón. Tan lindo, él ha sido muy servicial y muy especial conmigo. Hemos estado cada uno pendiente del otro y creo que eso nos ha ayudado a que los días se pasen amablemente. Claro que el burro no exprimió los pantalones que lavó, y como está lloviendo, los colgó aquí encima de nuestra carpa, que ahora esta empapada.

Me he engordado, creo que soy la única que ha subido de peso. Aquí se me abrió el apetito, puede ser por el frío o porque no hay nada más que hacer (o se come o se piensa en comida), puede ser un mecanismo de conservación y supervivencia.

Los mensajes siguen llegando, es sagrado que nos lleguen. Aquí algunos ya están como desesperados de que nada pase, de que nada se mueva, por eso pidieron cita para conversar con el comandante. La conclusión de las conversaciones con él es que no se puede esperar movimiento debido al orden público y a la situación de la región. Para mí eso no significa nada, la realidad es otra, no se les da la gana soltarnos.

Juan pidió cita con el comandante para solicitar una salida pronta, mencionando problemas de salud y proponiendo que dejen libre a uno de los dos amigos. Obviamente dice que quien debe salir es él, pues tiene malo un pie; se quedaría Álex. Él está como sentido con Juan, pues la idea era que ellos dos fueran juntos a conversar con el comandante. Juan tampoco simpatiza ya con Álex e insiste en que Álex "lo vendió" cuando lo secuestraron, pues le parece extraño que los guerrilleros, teniéndolo encerrado con los trabajadores, se hubieran devuelto unos minutos después por él.

Pepe nos estuvo contando la forma en que ingresan los guerrilleros a las FARC. Él, por ser tan acogedor con los guerrilleros, se ha ganado su confianza y le han contado varias de sus historias. La verdad es esta: la guerrilla llega a una de las muchas pequeñas fincas que hay en el campo. Le piden al campesino un poco de comida, quien por miedo se la da. Siguen volviendo y van analizando a sus hijos, especialmente a aquellos que son "aptos para el servicio", es decir, de edades desde los 13 años en adelante. Hacen propaganda de la organización en las casas y después de varias visitas, le dicen al joven que el ejército lo tiene "chequeado" (avistado), que puede aparecer como colaborador de la guerrilla, que puede ser peligroso que se quede allí, que es mejor que se vaya con ellos por un tiempo. Pero una vez con las FARC, la compañía se prolonga indefinidamente y se hace imposible volver a casa.

Dios mío, quién sabe cuanto tiempo más nos falte. Casi siempre estoy tranquila; estar con JJ es una gran ventaja. Simplemente nos hacemos a la idea de la situación y vivimos el día a día en nuestro pequeño mundo temporal. Un pequeño mundo que tiene dos montañas en frente, el sonido del río, esta casucha y el potrero que la rodea; mis dos mudas de ropa, las tres comidas, las dos meriendas, los mensajes y nuestra caleta. Los habitantes somos los 16 secuestrados y los veinte o más guerrilleros. Aunque a veces me acuerdo de mi otro mundo, más grande, tan bonito, y tan diferente. Lo extraño tanto… Pero cuando pienso demasiado en él me da mucha ansiedad de volver a estar allá. Por eso no lo hago tan a menudo. Además he aceptado que este pequeño mundo tampoco es tan terrible (excepto cuando pienso en el otro o cuando sé que no tengo libertad o pienso en que mi familia no sabe como es esto y se entristece) y la prueba es que el mundo de estos secuestrados es el mismo de estos guerrilleros, no es mucho mejor para ellos; la diferencia es poca: comemos lo mismo, estamos en el mismo potrero, vamos a los mismos "chontos", estamos igual de incomunicados con las familias y dormimos en la misma casa. Ellos trabajan un poquito y nosotros no.

Agosto 8

Ahora todas las noches hacemos consensos y votamos por cualquier cosa. Que si rezamos o hacemos otro receso de cinco minutos. Luego de la votación, ganamos los del receso, pero los que quieren rezar dicen que ya nos gastamos los cinco minutos en la votación y entonces comenzamos a rezar. A veces es mejor comenzar a rezar rápido para que Ernesto apague esas benditas rancheras que pone a todo volumen, y que nos tienen desesperados.

Yo sigo disfrutando de las historias de Ernesto, aunque JJ dice que no le gusta porque habla demasiado. Sí, tal vez por eso está todavía acá, pues habla delante de los guerrilleros de millones de pesos, de sus grandes pertenencias y hace grandes apuestas con Ángel.

El lunes le pidieron supervivencia a Huertas, la cual había sido predicha por Angel, aunque no muy exacta. Todos lo comenzaron a molestar, diciéndole que con tantas predicciones que hacía, a alguna le tenía que atinar.

A mí los guerrilleros nunca me han contado nada, yo no me meto mucho con ellos, en parte porque no tengo necesidad, en parte porque no hay mucha oportunidad, en parte porque ellos son muy cerrados para hablar de lo que a mí me gustaría preguntarles, en parte porque los secuestrados ya me dan información interesante, entonces yo me ahorro ese trabajo, en parte porque ya en donde Polo hablé con ellos y ya me formé un concepto y en parte porque lo más seguro es que cuando les hable o les pregunte algo, no me contesten o me contesten mal. ¿Qué quiero saber? Pues por qué ingresan a la guerrilla, cómo se sienten, qué piensan de nosotros, del secuestro, etcétera. Pero eso no me lo va a decir nadie aquí. Además, como dicen Huertas o JJ, por dignidad. Uno no puede ser amigo de una persona cómplice de su desgracia. Ellos allá, nosotros acá.

Yo ya aprendí en la primera conversación con *Gonzalo* que todo lo que yo diga aquí podrá ser usado en mi contra. Sea lo que sea y diga lo que diga, así crea que no. Quién sabe si algo de lo que dijimos el día en que nos secuestraron fue lo que nos jodió. A veces pienso que fue el apellido de JJ, a veces que fueron los radios que cargábamos, a veces el haber salido en el noticiero, en fin, ni idea, de pronto nada, simplemente somos unos conejillos de indias y están esperando a ver qué resultados damos.

Agosto 9

Ayer nos llegaron también mensajes. Hablaron mis primos Mariana, Ani, Juan Mi, y también mi mamá, mi papá, Panchita y su novio el Gato. Me gustó el mensaje de mi hermana, nos dijo que nos imagináramos que la vida era como un metro, y que seguramente estos momentos no son más que unos pocos milímetros, por lo que más bien debemos pensar en el futuro.

Escuchamos por las noticias que se tomaron el consulado de Colombia en Sydney, Australia. Me pareció increíble que estos guerrilleros se encuentren también al otro lado del mundo, lavando cerebros. Quién sabe qué les estarán diciendo a los australianos... Por otro lado sigue saliendo con buenas noticias Antanas Mockus[11] (político), que por el momento es el único que ha aplicado la mano dura.

Huertas está ahora haciendo el tablero de ajedrez. Ya terminó de tallar y está tiñendo las fichas negras con el polvito que sale de las pilas mezclado con ACPM que le regalan los guerrilleros. JJ está haciendo unas fichas miniatura en madera también para un ajedrez pequeñito que hay aquí, pero que está incompleto.

El rumor de ahora es que dizque el ejército ya se fue de "abajo" (no sabemos a que se refieren con eso), por lo que ahora hay nuevas "cábalas" y conjeturas y esperanzas con este hecho, pues acá creen, como siempre, que ahora sí puede salir alguien.

Agosto 11

El invierno sigue, han sido días helados además de monótonos, sin emoción, sin nada nuevo. La emoción, algo de lo que yo anteriormente vivía y disfrutaba en cantidad, empezando por el parapente. Bueno, pero sin emoción se puede vivir, no es tan grave.

¡Qué monotonía! Cuando me despierto lo primero que pienso es: "carajo, quedan 12 horas para el anochecer, ¿qué vamos a hacer?" Si hubiera aunque sea un libro

---

[11] Antanas Mockus era el alcalde de la ciudad de Bogotá.

aquí... Además no hemos podido volver a hacer vueltas por el clima, y por la neblina; los guerrilleros no nos divisan y nos lo prohíben.

Anoche rezamos el Vía Crucis, lo estamos haciendo todos los viernes. Ángel, antes de comenzar, dijo que lo quería dedicar a algo. A algo que podía ocurrirle a cualquiera de nosotros: la muerte. Todos esperábamos que la dedicación fuera dirigida a la libertad. El pesimismo a veces aparece, aunque según algunos no es pesimismo, sino realismo. Muchas cosas pueden pasar en esta situación, Dios no quiera. Por ejemplo, si a alguien le llega a dar aquí una apendicitis, ¡se muere!

A veces cuando estoy fuera de la casucha y hay un día como hoy, con todo el paisaje nublado, poca visibilidad, silencio sepulcral, estoy lejos del mundo, de mi gente, del movimiento, del trabajo, del ruido, de las ciudades, inclusive de las preocupaciones, pienso que esto parece El Cielo. De pronto así es... Dejamos nuestras cosas y debemos olvidar nuestro mundo para llegar a otro. ¿Será así de aburrido el cielo? ¿Será que estamos muertos y no nos hemos dado cuenta? En fin, aquí nuestro mundo son estas cuatro montañas, y la familia son los otros secuestrados. Y no me imagino el día en que nos den la salida y que volvamos a vivir. Creo que lloraré de felicidad dos días seguidos, sacando todo lo que aquí inconscientemente reprimí para poder sobrevivir.

Hoy salió en las noticias que trataron de secuestrar a otro arrocero que ya había estado secuestrado hacía tres años, y como no se dejó agarrar, lo mataron. Dios mío ¡terrible! Y Pastrana sigue en las mismas. Yo creo que fueron los de este Frente de las FARC, y aquí seguimos sonriéndoles. De ahora en adelante ¡no más sonrisas! (¿podré? Es difícil, a veces les sonrío por lástima, por compasión. Porque veo a unos niños ingenuos, ignorantes. Veo en algunos de ellos víctimas, más que verdugos. Veo engaño, veo ingenuidad, veo unos prisioneros iguales a nosotros, veo impotencia, veo a las víctimas de un problema social complejo en Colombia. Pero otras veces lo que veo son delincuentes, veo flojos, veo "hijueputas", veo facilistas, veo prepotencia, poder mal usado).

Agosto 13

Hoy Juan decía que era difícil que no nos pidieran supervivencias. Esas benditas pruebas de supervivencia, todo el mundo pendiente de eso; cuando a alguien lo llaman para pedirle una, los otros lo felicitan. Para mí eso no sirve para nada, por el contrario, muchas pruebas dirigidas a una sola persona pueden significar desconfianza en la negociación o si no nos llegan muchas, significa que nuestra familia tiene fe en que estamos bien o que está demostrando un poco de desinterés, necesario para una buena negociación (si así se puede llamar a la extorsión).

Anteayer en la noche nos aprendimos la canción "Las acacias". Pepe fue el encargado de reconstruir la letra a partir de la memoria de todos. Antes de rezar escuchamos música típica colombiana, como "Espumas", que cada vez me parece más bonita. Yo estaba muy feliz, no sólo porque esa música exaltó mi patriotismo y me recordó a mi papá, sino porque no me tocó escuchar más esas rancheras.

Estoy disfrutando mucho la música, la tarde de ayer la pasamos con JJ en nuestra caleta, escuchando canciones en la radio ("Los tres" a veces nos prestan el radio). Era música bailable vieja, de grupos como La Billos, La Sonora Matancera, Joselito y Lucho Bermúdez. Qué buenos programas los de la Radiodifusora. Canté lo que mi memoria me permitió.

Ayer lloré porque jugué dos veces ajedrez con JJ y perdí, aunque la razón del fondo era otra, era un poco de tristeza, alguna rabia que tenía escondida y salió con el juego, o no sé. En todo caso, me dio pena llorar delante de Álex.

Agosto 18

Hoy se fueron dos guerrilleros. Se despidieron de todos; unos les dimos un "hasta luego, que esté bien" y otros fueron demasiado efusivos. Están locos, ¿qué piensan? ¿Creen que van a salir más rápido si los adulan?

Los mensajes de estos días me han encantado. Primero porque me enteré de que mi hermano y su esposa están esperando bebé, lo que me hizo llorar y, segundo, porque supe que mi hermano está acompañando mucho a mis papás.

Me dijo en su mensaje que se había encontrado con una amiga mía, que no recuerda cómo se llama, pero que fue novia de Fabio y Eduardito, que ella tiene un papá muy viejito, que ya se va a pensionar, que recién se casó y otras cosas más (la ex novia de Fabio y Eduardito soy yo, y fue un mensaje en clave para ponernos de acuerdo en lo que ellos habían dicho a quien los extorsiona, si alguna vez algo me preguntaban).

Ayer nos pesamos en una pesa romana que instalaron los guerrilleros para negociar una vaca. Estaba colgada en un árbol y nos tocaba colgarnos de una soga para subirnos. ¡Yo aumenté tres kilos! Soy la única que ha subido de peso, el resto han bajado más de diez kilos.

Escuchamos que las FARC se tomaron dos pueblos: San Martín y Anzoátegui. Entonces Camilo se acordó y nos contó acerca de la toma de Dolores, su pueblo: la guerrilla reunió a varios Frentes, así hacen parecer que son muchos. Pero fueron tan brutos que no pudieron tumbar la estación de policía, lanzaron varios cilindros y ninguno cayó en su objetivo. Decidieron entonces robarse un buldózer con el fin de tumbar la pared de la estación, y ni así pudieron. Finalmente lograron entrar. Después de la primera toma regresó la policía al poco tiempo, pero parece que desde la retoma no ha regresado la fuerza pública y, por lo tanto el pueblo está gobernado por la guerrilla.

Agosto 20

Hoy cumplimos meses de casados con JJ, acá nunca hemos podido celebrar eso, ni me he podido poner bonita para él; estoy cansada de tener mi pelo sin corte, de no poderme ni depilar, ni siquiera me puedo echar desodorante. Pero hemos compartido mucho, yo diría más bien que todo, el 100 por ciento del tiempo. Estamos muy unidos, nos preocupamos el uno por el otro hasta en las cosas más simples como ponerle crema dental al cepillo de dientes, llevarnos la cuchara cuando vamos a ir a comer, etcétera. A veces JJ me lava la ropa, a veces yo a él. En este aspecto la convivencia ha sido extraña, pero muy bonita, hasta el punto de llegar a pensar si este paseito será el regalo de matrimonio de Dios para nosotros... Esta situación nos ha hecho pensar muchas cosas, por ejemplo, que debemos compartir mucho más con nuestras familias, disfrutar el día a día y la cotidianidad, salir a bailar, y aprovechar más el tiempo, pues a veces se pasa y ni nos damos cuenta.

Juan ha cambiado mucho, a veces se pone grosero, a veces está bravo y dice groserías y a veces está muy callado y deprimido. No sabemos qué hacer para ayudarlo en esta etapa de negativismo, aparte de lo que siempre nos decimos todos acerca de la fe que debemos tener, en que algo bueno vendrá; en la esperanza, que es lo último que se pierde; en que debemos ocuparnos en algo, para distraernos; en que es mejor hacernos agradables los días, no pensar en las cosas de afuera y ser positivos. No es bueno dejarse vencer. Por ejemplo, Juan dice "si salimos de aquí" en lugar de "cuando salgamos de aquí"; o comenta que el día está "duro" o "pesado", pero rechaza cualquier tipo de distracción como las cartas o el ajedrez. Con JJ y Huertas creemos que se está volviendo loco y no somos los únicos que lo creemos...

A veces Juan se obsesiona porque no le han llegado mensajes y casi no le llegan, qué lastima me da. No sé por qué a una gente no le envían casi mensajes, ¿será estrategia, pereza o falta de fe? Habrá que ver qué pasa con Juan, pero definitivamente el secuestro lo ha golpeado muy duro. Los que han estado en "la montaña" dicen que él no la hubiera soportado. Dicen que es muy duro estar escondidos allá, pues hay muchos mosquitos, no hay sol, ni luz, ni el campo abierto que tenemos acá. Realmente en eso estamos de buenas, aunque la "comodidad" de este lugar se la debemos tristemente a la mala idea de la Zona de Distensión.

Ayer Juan amaneció con su locura, al desayuno le dieron morcilla con chocolate, las tan apreciadas y deliciosas morcillas, y dizque se las botó a los marranos y dijo: "¡demos gracias a Dios por estar secuestrados!" Y yo no sé por qué resultó hablando con los comandantes para que nos prohíban desayunar en el cuarto. ¡A quién le importa! Realmente Juan tiene algo mal en su cabeza, qué pesar...

Agosto 23

JJ y yo dijimos que al salir de aquí nos debemos sentir orgullosos de nosotros mismos. Que lo peor es la autocompasión, no tenemos derecho a sufrir pues son nuestras familias las que deben estar sufriendo. Acá la convivencia es difícil, por lo que nosotros tratamos de no tener odios ni rencores, intentamos no armar bandos, sino más bien ser humildes y decentes. A veces es muy complicado.

Agosto 29

Hemos recibido varios mensajes. Ayer habló mi papá, nos dice que está trabajando muy duro, y que está haciendo horas extras en mantenimiento *(es un mensaje por si lo escuchan los guerrilleros, realmente mi papá siempre ha trabajado muy duro, pero no le pagan extras)*.

Ayer Ñoño llegó como intermediario a pedirnos que le prestáramos dinero a Miguel. Que ellos sabían que nosotros teníamos algo guardado, y que Miguel se comprometía a pagarnos el doble en "la civil" (afuera). ¿Quién va a ser tan bobo de prestar dinero aquí? Ya entendí la gran duda que me rondaba, ya entendí por qué Miguel siempre tiene panela, arepas y galletas, a veces lo vemos haciendo menjurjes de Frutiño con leche en polvo y otras cosas y come en el cuarto. JJ y yo que somos vecinos de cama quedamos muy antojados, se nos hace agua la boca. Nunca nos ofrece ni una gota de sus cosas y ahora quiere que le prestemos plata para que por debajo de cuerda los guerrilleros le vendan todas esas cosas ricas. Miguel nos decía que toda esa comida extra eran "recuperaciones", o sea, en jerga guerrillera, robos. Pero ya descubrimos que eso es mentira.

Ahora nos la pasamos con "Los tres". Pepe es muy carismático y nos ha contado varias historias: que eran muy pobres y pudieron estudiar gracias a la ayuda de un rector del colegio. Son once hermanos, pero uno fue halando al otro, y todos estudiaron y salieron adelante. También nos habló de muchachos de su pueblo y de una guerrillera que se encontró aquí en cautiverio, quien resultó hija del mayordomo de Pacho.

Camilo y Pacho también son muy queridos, a veces con ellos nos ponemos a hablar de las personas y nos reímos mucho. Yo sé que no es una actitud muy bonita, pero es que aquí hay unos casos… Por ejemplo, ayer un guerrillero que estaba de turno en la "rancha" le mandó una arepa a Álex. La mandó con el viejo Marquito, pero el descarado en lugar de entregársela a Álex, ¡se la comió! Para nosotros eso fue el colmo, por algo ahora le decimos "Moiso" (Moisa es el nombre de la marrana de este campamento, y a quien se comporta como ella le decimos Moiso).

Y es que ese viejito no tiene vergüenza, nunca es cordial, es el primero que se manda cada vez que llega la comida. Ernesto siempre lo defiende diciendo que "camarón que se duerme se lo lleva la corriente". Por esto ahora sólo compartimos el tiempo con "Los 3" y hemos dejado de lado al otro grupo. Creo que están disgustados porque Pepe nos lleva ahora todos los días el desayuno a la cama. JJ dice que volvamos a salir a tomarlo afuera para evitar disgustos, a mi me conviene para poder recibir las pastas de los caldos que dejan Ernesto y Hermes.

JJ y yo atendemos mucho a Ángel, cuando no se nos adelantan "Los 3", aunque algunos nos dicen que no hagamos eso, que él puede caminar. Pero ese no es mi problema. Me da lástima con él, no es rico estar secuestrado, y si de alguna manera lo puedo ayudar lo haré.

Nuevamente hay "cábalas" y lo peor es que se las creen. Ángel siempre anuncia sus premoniciones y nunca le resultan; Karl es el único que se las cree, sus ojitos se iluminan y cuando pasa la fecha predicha o se va *El Becerro*, dura deprimido todo el día. Es como Elías y el pueblo de Israel, que prefiere creerle a los falsos profetas porque dicen cosas mejores (se nota que estamos leyendo la Biblia ¿no?). ¿Por qué hay "cábalas" otra vez? Que porque las noticias, que porque la Zona de Distensión, que porque dentro la negociación de los tres alemanes secuestrados en Silvia, Cauca, pueden incluir a Karl, que porque escucharon algo, que porque pidieron una supervivencia, etcétera.

Cuando los guerrilleros necesitan el comedor de nosotros para sus charlas, nos piden que nos vayamos de allí. Yo les digo "¡desplazados por la guerrilla!" y a ellos les da risa (aludiendo al problema de desplazamiento masivo de campesinos causado por la guerrilla).

Los guerrilleros parecen estar preocupados por averiguar si nosotros sabemos dónde estamos, pues le han hecho esta pregunta a varios secuestrados. Unos responden que estamos cerca al Boquerón de Melgar, otros dicen que estamos cerca al páramo de Sumapaz, eso es lo más seguro. El único que creyó realmente que estábamos en el Boquerón fue Karl y por esta razón intentó escaparse. *(La mayoría estábamos de acuerdo con que estábamos en la Zona de Distensión, bajando del páramo de Sumapaz, y se dudaba si el río de abajo sería el Guayabal o el Duda, sin embargo, todos nos hacíamos pasar por ignorantes frente los guerrilleros).*

Agosto 30

Hoy el amanecer estuvo divino, ¡qué belleza! Ya llevamos como siete días buenos, después de aguantarnos veinte días terribles de lluvia y de frío, esto ha hecho cambiar un poco los ánimos.

Ayer hubo movimiento, se fueron tres guerrilleras. Parece que estaban enfermas, había una de ellas que casi no podía caminar del dolor en el abdomen. ¿Qué tendrían? Pepe dice que pronto ellas estarán muertas, que seguramente las pondrán a combatir, en primera fila, de carne de cañón, pues un enfermo para qué les sirve.

Ayer a Ángel le llegó un mensaje del hijo, le decía que las cosas estaban muy difíciles, que esos señores no habían vuelto a llamar, que por favor les dijera que se comunicaran. Por eso Ángel estuvo deprimido y anotó en su cuaderno en el renglón de la fecha del día de hoy: "triste realidad".

Septiembre

Septiembre 1

Hace poco llegó un guerrillero nuevo, es bien bajito y habla diferente a los demás, pues no tiene acento campesino, sino citadino. Habla como "gomelo" (como creído, como niño con dinero). Ayer vimos que estaba escuchando música bailable, es otra seña para pensar que es diferente a los otros, no escucha ni rancheras, ni música carrilera, ni vallenatos guerrilleros. JJ y yo nos pusimos a bailar cerca de su radio, en el pasillo. Los guerrilleros se pusieron felices al disfrutar de algo tan simple: dos personas bailando. En ese momento descubrimos su niñez y su falta de vivencias. Niños que por estar en la guerra no han bailado, algo tan común en nuestra tierra. Unas de esas niñas me dijeron que les enseñara a bailar. Me conmovieron, pues son niños a los que ya les lavaron su cerebro, pero al fin y al cabo niños.

Ayer JJ y Huertas se afeitaron después de tres meses de no hacerlo. Se ven muy raros, y muy flacos. Ahora sí se nota la diferencia que no había descubierto, están acabados, la barba lo disimulaba.

Con respecto a lo que hemos hablado con JJ y Huertas hoy hicimos un experimento. JJ llegó gordo a la oficina, y me dio mucha risa por su cara de complicidad, serio pero con una sonrisa picarezca escondida que solo se revela en la imaginación de los que ya lo conocemos. *(Con respecto a la posibilidad de escaparnos. JJ planeaba que escondiéramos las cobijas detrás de una piedra, cerca de la oficina. Que durante el día, cuando ningún guardia se diera cuenta, tomáramos las cobijas, nos las envolviéramos en el cuerpo, camufladas dentro del overol, y nos escapáramos, yéndonos más allá de la oficina, por donde no hay guardias. El problema que se nos presentaba es que en esa dirección quedan los Llanos Orientales y eso hace parte de la Zona de Distensión, por lo que una vez escapados, deberíamos cambiar de rumbo. El experimento de JJ, o más bien digamos que el simulacro, fue esconder las cobijas detrás de una piedra, luego ir a recogerlas y envolvérselas alrededor de su cuerpo debajo del overol).*

S EPTIEMBRE 4

Hoy cumple mi abuelita, desde aquí y desde mi mente, felicitaciones.

Anteayer domingo fue un día muy especial y diferente, pues por primera vez salí de este encierro y nos permitieron bajar a bañarnos en el río. Estuvo delicioso. El agua estaba helada, pues baja directo del páramo, pero al mismo tiempo es pura, cristalina y muy reconfortante. La corriente es fuerte y pega duro en la piel. Me bañé en ropa interior, ya no me da pena, lo único que puedo hacer es acostumbrarme a mostrar mi desnudez. Después del baño hicimos las vueltas, ya hacemos 16.

Más tarde nos reunió el comandante *Richar* a decirnos que tenían planeado que nos integráramos más entre guerrilleros y secuestrados. Luego nos dijo que si teníamos quejas sobre ellos que no dudáramos en avisarle y finalmente nos regañó porque sabe que entre nosotros hay intolerancias y riñas. Juan y Ángel se ofrecieron a dar charlas. Ángel además se ofreció a dirigir recetas de cocina para variar el menú. Esa noche nos permitieron asistir a las actividades recreativas que ellos hacen todos los miércoles y todos los domingos. Nos reímos mucho.

El juego consistía en que cada uno tenía un nombre, por ejemplo "planta", "medicina" o "fusil" y cada persona debía estar alerta cuando la llamaran: "caleta sí hay, lo que no hay son granadas", y 'granadas" debía responder. A algunos nos tocó cumplir penitencias. Me reí mucho con Diego, a quien le tocó imitar al Chapulín, él solo saltaba y se reía, y no decía nada. También me reí mucho con el viejito Marco, a quien le tocó escoger una persona para hacer carreras de costales. Como es tan malicioso, escogió a una guerrillera, pero la quería meter en su mismo costal. Y así, en medio de la oscuridad y del frío pasamos un rato agradable, nos acostamos a las ocho de la noche y nos sentíamos trasnochados.

Es irónico que nos estemos divirtiendo con nuestros captores, riéndonos con ellos, jugando. Bueno, todos nos hacemos este momento un poco más agradable, no hay que negarse a la diversión, sobretodo en esta condición, lo importante es no olvidar a qué lado estamos...

Septiembre 5

En las noticias siguen hablando de si van a extender el plazo de la Zona de Distensión o no. Aquí todos discutimos acerca de si esa decisión influiría en nuestra liberación (las encuestas dicen que el 93 por ciento de la población está en desacuerdo con una prórroga de la Zona de Distensión). Pero yo no creo. Siguen noticias sobre secuestros, del niño con un tumor en el pulmón, cuyo padre, el único posible donante, está secuestrado. Las FARC dicen que el niño tiene que entregarse para que sus médicos lo evalúen (si son como los "médicos" que hay aquí...)

Ayer me sentí mal porque acá todos estamos peleando mucho, como niños chiquitos, esto no debe ser así. Por un comentario acerca de los pocillos grandes y de los pequeños, Juan se enfureció y le dijo a Huertas delante de varios guerrilleros "sí, mi mayor". ¡Que susto! El gran secreto de Huertas estaba siendo revelado. ¡Qué peligro! ¿Revelará algo más de nuestras confidencias? ¡Qué arrepentidos quedamos de haber confiado en ellos! Afortunadamente como que no entendieron el mensaje, pero esta fue una voz de alerta, para no confiar en nadie, y para no exagerar en las bromas que hacemos. Creo que Dios nos puso una prueba, no sólo es soportar un cautiverio y estar privados de nuestra libertad y de muchas otras cosas, sino aprender a convivir con los demás. No tenemos que ser amigos, pero si aprender a respetarnos.

He mejorado mucho en el ajedrez, ya le gané a Álex y a Camilo y cada vez me gusta más.

Hoy me dieron una chocolatina Jet, primer chocolate en tres meses, qué felicidad. Los guerrilleros están muy atentos, no sabemos la razón, pero muchos de nosotros se imaginan una pronta salida. La explicación es que cuando alguno de los secuestrados salga, los medios de comunicación le van a preguntar que si lo trataron bien, y con tanta atención que hemos recibido, pues va a decir que sí. Las "cábalas" vuelven a darse, la esperanza regresa.

En los mensajes que hemos recibido, la mamá de JJ se escucha muy positiva y dice que están negociando para tenernos muy pronto aquí. Aunque mi papá dice que la situación está complicada... También escuchamos que van a soltar a los tres alemanes secuestrados, ahí sí puede hacer algo el gobierno, ¿y el resto de personas qué? Este año han secuestrado más de 1.700 personas, ¿esas no importan?

Septiembre 10

Por fin, por debajo de cuerda (ni el comandante sabe), logramos pedir un queso. Un guerrillero que siempre acompaña al *Becerro* en sus viajes es quien nos lo vende, dicen que su madre es la que lo hace. "Los tres" nos ayudaron a hacer el negocio, menos mal que Huertas tiene algo de dinero escondido. Esto no lo hemos compartido con el otro grupo, primero, porque no nos nace y, segundo, porque pueden dañar la red de aprovisionamiento del queso, uno nunca sabe (a ellos no les volvieron a traer queso porque no le compartían ni un bocado al del favor). Entonces ahora nos la pasamos "Los tres", Huertas, JJ y yo.

Parece que Juan ha mejorado un poco, parece estar más cuerdo, aunque se cree un viejito. A pesar de que acabó de cumplir 50 años anda con un bastón que porque le duele un pie, jorobado, y se la pasa diciendo que está indispuesto. Dice que tiene "salivación" (nueva enfermedad hasta ahora desconocida por mí) y que por esto está tomando antibióticos (¿cómo van a hacer uso indiscriminado de antibióticos? Qué peligro).

El nuevo guerrillero "gomelo" (alias *Darío*) juega todo el día cartas con los "moisos" (los del otro grupo), él mismo parece un secuestrado. No hace guardia, no trabaja como los otros, solamente está con los secuestrados. Él se autodefine como un guerrillero politico-militar. Me parece peligroso, pues les está dando mucha confianza, tal vez para sacar información ¿Será que han sido tan ingenuos como para revelarle sus vidas? ¿O las nuestras?

Varios de aquí nos hemos puesto a pensar que este año no han liberado a nadie. ¡Nueve meses y nada! ¿Será por el orden público como dicen? ¿Será que no les importa porque este Frente no se lucra principalmente del secuestro? ¿No conocen la teoría financiera de la rotación de inventarios? Qué largo se hace este encierro... Da susto. Nosotros ya vamos para cuatro meses y quién sabe cuantos más nos queden. Y con esta bendita Zona de Distensión, que aunque no hay pruebas, ya todo el mundo sabe para qué es. Una prueba somos nosotros, secuestrados en la famosa zona dizque para diálogos de paz. Como lo reveló la directora del diario "El Colombiano", Pastrana, en su campaña presidencial le vendió el país a las FARC a cambio del poder. Quería prolongar el mandato presidencial a través de la constituyente y del referendo que planeaban hacer en las negociaciones con la guerrilla, para repartirse el país… Afortunadamente se le frustró la idea.

Llegaron unos arrieros y dicen que dizque un helicóptero andaba merodeando por ahí, como que ya ha llegado hasta la casa del *Becerro*. Ojalá estos chismes sean ciertos, y el ejército esté presionando a la guerrilla a ver si algún día acaban con tanta holgazanería.

Septiembre 11

Hoy por la mañana JJ y yo salimos a disfrutar de la clara mañana. Al poco tiempo salió Huertas y nos hizo una seña como cortándose el cuello con el dedo. Algo pasó. Le preguntamos qué pasaba y nos dijo que ahora nos contaba. Al rato regresó con un radio y nos contó sobre el atentado a las torres gemelas en Estados Unidos. ¡Terrible! En fin, el plan de todo el día de hoy ha sido escuchar las noticias, que sólo hablan de eso, repiten y repiten. No hay más noticias hoy.

Los guerrilleros de aquí no entienden bien qué pasa (obvio) y hasta están felices, pues dicen que los Estados Unidos son el imperialismo, son los yanquis explotadores y todo ese cuento que les han grabado en la cabeza.

Septiembre 17

Hoy hubo nuevas "cábalas", algunas relacionadas con los atentados en Estados Unidos, pues Ángel dice que los países amigos van a exigir que liberen a todos los civiles secuestrados ja ja. Como dice JJ nos apegamos a ilusiones vanas, como un náufrago que se agarra de todo lo que encuentra, pero todo lo que encuentra alrededor son cosas muy densas, y todas se van hundiendo.

Ya no volvimos a las dinámicas nocturnas, pues todas son muy similares, las mimas penitencias y los mismos juegos. La vez pasada salió de penitencia comerse una "cancharina" con ají, y le tocó a una guerrillera que no lo quiso hacer; JJ muy entusiasta se ofreció a reemplazarla. Fue la penitencia más gustosa de su vida, pues le encanta el ají, y aquí nunca dan.

Ahora tenemos radio porque Huertas reparó uno viejo que tenían "Los tres" e instaló una antena. Nuestro plan favorito es escuchar aquí la radio en "la oficina", hablar de bobadas y también discutir cosas interesantes como el tema del campo, de cómo sería de bonito y de importante si estos guerrilleros dejaran trabajarlo. Y nuestro increíble presidente Patraña, que no aparece con la tragedia de Estados Unidos, ni cuando secuestran a alguien, ni cuando ponen una bomba, pero sí ha salido por todos los medios de comunicación a hablar acerca del triunfo de Juan Pablo Montoya en la Fórmula 1 ¡Es sólo una carrera! ¡Muy bueno, pero es sólo eso!

El "gomelo", según me di cuenta, es igual de ignorante al resto de los guerrilleros, pues hablando del atentado a las torres gemelas lo escuché decir que los terroristas eran de "Tanganistan" (país nuevo para mí). Decía que los señores de "Tanganistan" llevaban siete años infiltrados trabajando en las torres para saber cuántos ascensores tenían y si el edificio era de concreto o de acero (¿de donde sacaría ese cuento? siete años para saber cuántos ascensores había en un edificio...)

El otro grupo confía demasiado en el gomelo, lo adulan, le llevan su tinto después del baño, se dejan peluquear por él aun cuando prometieron que no lo harían sino para salir a la libertad, le hacen confidencias y ahora están felices porque les reveló un secreto: que pronto saldrán cinco secuestrados a la libertad. ¿Por qué harán eso? ¿Será una especie de adicción a escuchar promesas falsas que mantengan su esperanza viva y por consiguiente su ánimo estable?

Ángel usa su "mion", como todo el mundo, ¡pero es el colmo que lo use de día!, por no caminar. Por las noches nos salpica sus orines cuando usa su "mion", menos mal que tenemos esa carpa. Además se las da de cojo, usa un bastón y se mueve lo menos posible. Casi nunca se baña, ni se cambia de ropa. La teoría de JJ es que él quiere generar lástima, pero los guerrilleros no tienen ese sentimiento. ¿Será que el hacerse el loco o el enfermo, igual que Juan es una estrategia? ¿O ya lo están de tanto hacerse? ¿Será premeditado o inconsciente?

Nada que se termina nuestro queso, nos lo hemos gozado mucho. En clave le decimos "la caja de herramientas", pues así es que lo camuflamos para traerlo a la oficina, en una caja junto con todos los utensilios que usa Huertas para fabricar su ajedrez.

Septiembre 20

Hoy cumplimos cuatro meses de estar secuestrados, ¡cómo pasa el tiempo!

Ayer recibí mensajes de mi papá y de mi mamá, tan lindos, siempre firmes, nunca fallan con los mensajes. Me hacen mucha falta. Yo creo que ellos piensan que yo no estoy comiendo, pero aquí se me ha despertado el apetito, no se por qué, tal vez por creer que mañana puede no haber comida o puede haber comida peor que la que nos dan. Ojalá ellos supieran cómo estamos, que estamos tranquilos, relativamente cómodos y en un lugar abierto. Menos mal no estamos en la selva, menos mal estamos en clima frío, pues nos evitamos el paludismo, los mosquitos, el agua contaminada, los bichos, muchas cosas...

Habíamos estado leyendo unas revistas viejas que les prestaron a "Los tres". Ellos las empezaron a rotar, hasta que llegó un "hijueputa" guerrillero a pedírnoslas diciendo que las tenía que relacionar en una lista, y ahora se hizo el loco y no quiere devolverlas, creo que es por egoísta.

Ayer *Jaime* (el guerrillero con cara de "hijueputa" y uno de los más veteranos) le decía a Pacho que lo que las FARC están esperando es que otros países derroten a Estados Unidos, en ese momento ellos se pueden tomar el poder, pues ahora con el apoyo "gringo" a nuestro gobierno no lo pueden hacer. Cuando se tomen el poder se dedicarán a "la contrarrevolución", que la conformarán todos los que estén en desacuerdo con ellos (en ese momento me volveré guerrillera). Ese es el pensamiento de estos locos y seguramente es de lo que hablarán en sus reuniones. A todos los ilusionan y les hablan del día en que se tomen el poder, seguramente todos se imaginan en altos cargos del gobierno. Qué ingenuidad.

Septiembre 22

"Los acontecimientos no resultan tan malos como tememos, ni tan buenos como soñamos", me recordó mi papá en su mensaje.

Ayer Ángel, en la cocina, les decía a los guerrilleros que le dieran sus datos y sus direcciones para buscarlos pronto, que él está muy agradecido con todos ellos y que les va a dar trabajo y estudio cuando llegue la paz (está un poco loco, cree firmemente que ya viene la paz, que lo van a soltar y luego les va a dar estudio todos estos señores, aunque bonitas sus intenciones).

Hoy fui a los "chontos" con *Esteban*, un guerrillero que tiene cara de niña, es un muchacho muy joven al que no le ha salido la barba, y creo que no ha terminado de cambiar completamente de voz. Comenzó a conversar conmigo, a contarme que estaba aburrido en este campamento, que era mejor estar en los pueblos. Yo le pregunté qué hacía en los pueblos, y me contó que organizaban a la población para darles charlas de la guerrilla, que se les habla de los yanquis, de la oligarquía y del Plan Colombia, el cual según él no es realmente para acabar con los cultivos ilícitos sino con las FARC. Contaba que le gustan los pueblos porque la gente allá lo respeta, porque allá es más importante. Yo le pregunté que si en lugar de respeto más bien era miedo. Él está convencido de lo contrario, dice que al ser guerrillero puede conocer los problemas de las personas, pues acuden a las FARC para a darles quejas y así ellos pueden ayudar. Eso es *Esteban*, otro muchacho adolescente con necesidad de reconocimiento; al igual que uno de clase alta presume con su carro nuevo o sus tenis de marca él lo hace portando un fusil.

¿En qué más creen ellos? Según he descubierto, para ellos nosotros estamos aquí porque nuestras familias no pagan, no por falta de recursos o buenas intenciones, sino porque son unos tacaños. Estamos aquí porque somos unos pícaros que debemos un dinero a las FARC y no lo queremos pagar o simplemente porque pertenecemos a la oligarquía (su enemigo) o porque somos ricos. Ayer hablamos entre los secuestrados sobre esto. Los guerrilleros creen que se van a tomar el poder y creen que es muy fácil ganarle al ejército (hasta se lo han hecho creer a muchos civiles de esos que no conocen mucho el tema). Pero nosotros ya conocemos la realidad, el entrenamiento militar de la guerrilla es nulo, lo único que saben hacer es correr, ocultarse en el monte y sorprender a los campesinos. Camilo cuenta que en 1999, cuando se tomaron Dolores, llegaron 500 guerrilleros y mataron solamente a un policía, y eso porque se le cayó un muro encima. Disparaban y disparaban, pero su puntería es pésima.

Como nos quitaron las revistas, estamos leyendo y comentando sus famosos periódicos "Voz". Discutimos acerca de lo que pude confirmar aquí: que la guerrilla es un generador de pobreza. Ellos quieren que todos los colombianos tomemos partido, pero creen que los pobres (que cada vez son más por producto de sus acciones) se van a ir con ellos. Pero eso es falso, los pobres están cansados de las FARC y el pueblo los está rechazando. Por eso les ha tocado presionar para que la gente tome partido, porque el pueblo no está con ellos, como sí estuvieron con revolucionarios reales en su época, como Mao Tse Tung o Fidel Castro. Discutimos también acerca de los candidatos presidenciales; definitivamente va a ganar aquel que le dé duro a la guerrilla, la gente está cansada de tantas concesiones. Aquí sabemos que si la guerrilla existe todavía no es propiamente por su fortaleza militar, sino porque los gobiernos no han querido hacer nada al respecto. Es chistoso escuchar a los políticos que están en desacuerdo con terminar los diálogos de paz. Diciendo que eso desencadenaría una guerra total. Sí, contra un grupo que no se enfrenta, sino que corre, que asalta torres de energía, pone minas quiebrapatas, mata civiles, secuestra y se esconde en la selva..

Camilo nos contó de una guerrillera a la que encontró llorando, ella le decía que por lo menos nosotros íbamos a salir algún día. Es verdad, ellos no saben cuándo partirán, tampoco los dejan irse y lo más probable es que salgan, pero muertos. Escuchamos en la radio sobre un secuestro de dos niñas en Dolores. Camilo dice que ellas son hermanas de un guerrillero que se voló de las FARC. Por eso nadie se atreve a irse, pues puede costarles caro…

A Ángel los guerrilleros le dieron una cebolla en un papel con una nota que decía: "esta es por darnos noticias falsas". Ángel siempre les da las noticias que ellos deben llevar a sus reuniones con un tinte disimulado de malicia, con el propósito de asustarlos. Por ejemplo, alguna vez hablando de aviones que habían sobrevolado la Zona de Distensión, Ángel les redactaba: "aviones supersónicos, que superan la velocidad del sonido". Y los guerrilleros después comentaban: "ese cucho cree que nos va a tramar, si esos aviones existen hace como 30 años".

El pobre Ángel se la pasa pendiente de las noticias para deducir algo que pueda relacionarse con nosotros o que pueda ser herramienta para sus predicciones y "cábalas". De cualquier cosa que salga en la radio arma su historia fantasiosa, sus conclusiones exageradas, se aferra a sus esperanzas, hasta ahora vanas.

Según una de esas noticias, hoy "liberaron" (yo creo que se escapó) a uno de los tres alemanes secuestrados. ¡Qué bueno! No ha dado declaraciones pero las estoy esperando ansiosamente, aunque de pronto no las pasan porque parece que tiene marcas de cadenas (no le conviene al proceso de paz) y si es escapado...

Ya vamos en 17 vueltas, las cuales ahora hago en brasieres. Envidiaba a JJ y a Huertas, que se quitaban su camiseta para no sudarla y refrescarse. Ya no me importa. Al principio me miraban con extrañeza y hasta con malicia, pero ya todos nos acostumbramos.

Septiembre 23

Ernesto, "el pastor", se está quedando sin fieles. Al principio él tenía su grupo de oración, pero ya todos se le están corriendo. Yo recé varias veces con él, era muy bonito y a veces hasta hacía llorar a algunos. Aquí en "la oficina", riéndonos un poco de sus oraciones, nos acordamos de sus frases: "Señor, 'dentra' entra en nuestros corazones", "señor, te pedimos por las prostitutas, por los maricas, por las lesbianas, por los presos y por todos aquellos que andan por caminos equivocados", "señor, gracias por todos los astros que giran alrededor de la tierra". Ese es Ernesto.

Septiembre 25

Ayer me enfermé de un ojo. Me molestaba, tal vez tenía un mugre, y me rasqué tan duro que se me corrió una membrana, no se cómo se llamará, pero se me ve todo arrugado el ojo, ¡qué susto! Entonces, por seguridad, ando con el ojo tapado. No sé si sea grave o no. Le comenté al comandante, sabiendo que él no tenía la solución, ni mucho menos la voluntad para ayudarme, y lo único que me dijo fue que le dijera al "médico". Ese muchacho de médico no tiene nada, obviamente no tiene ni idea de qué hacer con mi ojo. JJ aprovechó para decirle al comandante que me sacaran, que no tenía sentido que los dos estuviéramos aquí, que al fin y al cabo éramos casados, y yo era mujer, que a veces me daban cólicos y otro poco de cosas. Yo creo que eso no va a servir de nada, ni siquiera si se me daña el ojo, pues ni al pobre coronel Acosta que estaba parapléjico y tenía neumonía lo quisieron sacar...

Esta situación me tiene deprimida, un maldito parche en el ojo, qué pereza, sin saber qué pueda ser o cómo se cuida. Además me han dado cólicos, y yo con el período aquí no me puedo bañar. ¿Cómo? Si bañarse y vestirse se hace delante de todos. ¿Como harán las guerrilleras?

Septiembre 26

Mi ojo ya está bien afortunadamente, pues ese parche era muy incómodo, me lo aguanté ayer todo el día. Además es difícil ver con un solo ojo, sobretodo en este tipo de terreno irregular en donde me tropezaba con todo.

Hemos comido muy bien, gracias a Dios, mataron a la nueva vaca y a su feto. Sí, la vaca que mataron tenía un ternerito adentro. A algunos les dio impresión, y no se lo comieron, pero al fin y al cabo es carne tierna, mejor que la de una vaca. "Los tres" hicieron una gran cantidad de morcillas como cien. Aunque ya casi no quedan, pues los guerrilleros se las tragan todas. Además es el colmo, ayer repartieron unas morcillas, y algunos de los secuestrados que no querían, en lugar de regalársela a otro compañero, la echaron al piso para que se la comieran los perros.

Hoy a las nueve de la mañana tomamos chocolatico, ya que "Los tres" "recuperaron" un poco. JJ y Huertas se lo perdieron, aunque se lo tenemos guardado, pues estaban haciendo las vueltas (ya hacemos 17).

Septiembre 28

Siguen los mensajes, aunque algunos no son tan buenos, pues traen noticias duras como que JJ y yo ya no tenemos nuestro trabajo *(en realidad fue una falsa noticia de mi papá, por si a algún guerrillero le interesa. Entendimos muy bien la indirecta, el mismo mensaje lo aclaraba todo diciendo que Gilberto, Hernán y Erika –compañeros de trabajo– nos esperaban en la misma situación).*

Qué ganas tengo de llegar a mi casita, quién sabe cuanto tiempo nos queda acá. Ya no le pido tanto a Dios que me saque de aquí, Él tendrá su hora, más bien le pido que nos dé fortaleza y salud a nosotros y a nuestras familias, que estén bien, que no estén preocupados, que no sufran y que tengan mucha sabiduría para la negociación. Como dice Camilo, aquí nuestra salida no depende de nosotros, ni de nuestras familias, ni del dinero que tengan, sino de estos bandidos, de cuando ellos buenamente quieran soltarnos, de cuando de pronto se conmuevan, de cuando necesiten afanosamente billete. Seguramente hay cosas más graves que esto que nos está pasando, el sufrimiento es humano, seguro aquí nos toca padecerlo un poco. Además, realmente no hemos estado tan mal, si eso lo supieran nuestras familias...

Octubre

Octubre 3

Estamos en "Los Cauchos", en la casa del *Becerro*, en donde dormimos hace unos meses antes de llegar al páramo. Tristemente esto no es lo que me imaginaba, pensaba que el día en que viniéramos a esta casa estaríamos rumbo a la libertad, pero estamos rumbo a quién sabe donde. Creo que nos cambiaron de lugar por los últimos sucesos del país, pues por fin en la radio se escuchan protestas contra el presidente Pastrana y contra su "proceso de paz", si así se puede llamar el circo que están haciendo. Estoy contenta porque ya todos están en contra del presidente "Patraña".

Un día antes de que nos enteráramos de nuestro traslado cumplió años mi mamá, pedimos que nos dieran la carne cruda para asarla nosotros mismos, entonces hicimos una fogata cerca de la oficina y organizamos un delicioso asado. "Los tres" "recuperaron" un poco de masa de arepas, le echamos queso rayado, del que teníamos escondido dentro de nuestras reservas y las pusimos en la parrilla. Después pusimos toda la comida en una tabla que Huertas hizo, y comimos bajo el sol, como en un picnic. Ese día pudo haber sido muy feliz, si no hubiera sido el cumpleaños de mi mamá. Me acordé todo el día de ella, quería que sintiera que yo estaba bien, quería que supiera lo que estábamos haciendo, que supiera que yo estaba en un paseo, en un asado, con unos amigos...

Esa noche entramos a dormir y a escuchar la misa que pasan por radio a las seis de la tarde. Le pedí a Dios por mi mamá, de ahí en adelante lloré toda la misa.

Al día siguiente (1 de octubre), estuvimos observando actitudes extrañas. Los guerrilleros quitaron los plásticos de las oficinas, todos se veían preocupados, alistaban sus morrales, empacaban cosas y tuvimos un presentimiento. Concluimos que su comportamiento era debido a las noticias que se escuchaban por radio. Posiblemente, dado el mal comportamiento de la guerrilla, podrían no prolongar el plazo la Zona de Distensión, el cual caducaba legalmente el 7 de octubre. Por la tarde llegó Camilo a la oficina a decirnos que alistáramos nuestras cosas, pues todo el mundo lo estaba haciendo. JJ se fue inmediatamente y alistó todo muy bien. Los guerrilleros sacaban costales con cobijas, comida y los dejaban afuera de la casa, listos para cargar. Querían borrar toda evidencia, por lo que quemaron varias cosas, destruyeron las oficinas, borraron toda huella de nosotros, como por ejemplo las tallas que habíamos hecho en troncos o árboles con nuestros nombres. JJ alistó hasta las cobijas, pues existía la posibilidad de que la salida fuera inmediata, también empacó muy organizadamente en un costal lo de uso cotidiano como los jabones, cuerdas y mudas de ropa;

y en otro lo imprescindible como unas latas de atún, los plásticos para la lluvia, mi cuaderno y su toalla, que usó como correa, atando los extremos al costal para cargarlo él mismo a modo de maleta.

Esa noche la pasamos en el campamento, hubo mucha tensión, pues no se sabía nada, si nos separarían, si por fin había llegado la hora de ir a la montaña, si liberarían a alguien, en fin. Yo casi no pude dormir de la ansiedad, a pesar de estar consciente de que debíamos dormir bien ya que se podía presentar una larga caminata. A muchos les pasó lo mismo. Como a las cuatro de la mañana nos abrieron la puerta y nos hicieron salir del cuarto inmediatamente, sin sacar nada. Muchos dijeron que no habían alistado sus cosas, pero les dijeron que salieran, que después los dejaban volver a entrar. JJ y yo sí sacamos el costal de lo imprescindible además de agua, las cachuchas y un tarrito con comida que habíamos alistado. Nos dieron el desayuno pero por el estrés casi no comimos, por lo que todo fue a parar a una bolsa. Al poco tiempo nos dieron de una vez el almuerzo, que también fue a parar a la bolsa. Algunos secuestrados no tenían bolsa, y no sabían qué hacer con tanta comida en la mano. Los guerrilleros quemaban helechos, barrían, lavaban ollas, ensillaban mulas, quitaban plásticos y botaban cosas. Huertas y JJ se recuperaron dos plásticos industriales de la "rancha". Los "cuchos" (secuestrados) peleaban porque no les habían dejado alistar sus cosas y los guerrilleros les respondían repugnantemente que ya no había tiempo de nada. Algunas cosas de los "cuchos" las empacaron en las mulas, otras, las botaron.

Nos organizaron en tres grupos: el primero estaba compuesto por diez guerrilleros, más "Los tres" con Hermes y Miguel. Ese grupo salió como a las seis de la mañana y se supone que eran los más rápidos. Nosotros, el segundo grupo, nos quedamos otro rato esperando. Mientras tanto, Huertas se robó del lavadero unas esponjillas y unas vasijas vacías de jabón para lavar la loza. En nuestro grupo estábamos Huertas, JJ y yo con Ernesto, Diego y Ángel que iba a caballo. Entre nosotros tres acordamos no esperar a nadie (nosotros con nuestras vueltas diarias estábamos entrenados para ganarle inclusive a los guerrilleros), ir los tres siempre juntos y no estar tan cerca de los guerrilleros, por seguridad.

Arrancamos. Bajamos al río y subimos la montaña que tanto tiempo divisamos en frente, sin cansancio, estábamos frescos. Los guerrilleros ya estaban agotados, se les veía colorados y sudando. Atravesamos dos palmas que también se divisaban desde el campamento, y por donde usualmente nos imaginábamos cruzando. Esos árboles a veces nos parecían una puerta de salida a la libertad, un arco del triunfo. Finalmente las estábamos atravesando, aunque no muy triunfalmente.

Subimos y subimos, hacia el páramo. Creo que trepamos en muy poco tiempo unos mil metros. ¡Esa subida es muy inclinada! Nosotros no queríamos parar, pero a cada rato *Dubernei*, el guerrillero encargado de cuidarnos, nos hacía descansar y nos pedía agua. ¡Es el colmo! Ellos tienen cantimplora y no son capaces ni de llenarla. Teníamos unas pocas botellas con agua para nosotros y nos tocó compartirla varias veces.

Llegamos al páramo, el frío y el viento eran fuertes. Ahí paramos otra vez, y otra vez el "hijueputa" guerrillero nos pidió agua, y luego otro guerrillero, y luego otro… ¡Nos iban a gastar nuestra agua! Qué falta de previsión de esos flojos. Esperábamos al tercer grupo, compuesto por los que venían más lento: Álex, Juan, Karl, Marco, Ñoño. Llegó Don Ángel muerto del cansancio, montado en una mula, pero en una silla muy pequeña para él. Le rogaba al guerrillero que le guiaba la mula que lo bajara, pues estaba muy magullado. Otros hombres se burlaban y le decían a su guía que no lo bajara. Ángel imploraba, y nadie lo ayudaba… Él empezó a tratar de bajarse. Me dio mucha rabia con los guerrilleros. Le tocó a Huertas ayudarlo a bajarse y a mí decirle a los guerrilleros que lo dejaran descansar de pie aunque fuera dos minutos. Qué lástima me dio. Durante el camino le aplicaron varias inyecciones de Voltaren para el dolor, y se cayó de su mula como cinco veces. Diego dejó ver su nobleza, pues a pesar de todos los disgustos entre ellos dos fue él quien resultó ayudando a Ángel durante el trayecto.

Hicimos otra parada en el páramo. Allí nos dieron avena y queso. Como una hora más tarde divisamos al tercer grupo. Ese momento fue muy emocionante, nos sentíamos todos los secuestrados unidos, todas las peleas se habían olvidado. Fue muy lindo ver llegar al páramo a todos esos "cuchos", cansados de haber hecho esa gran subida, pero triunfantes, sobretodo después de conocer su estado físico y haberlos escuchado asegurar que ellos no se iban a dejar sacar del campamento sino en mula. Sólo había tres mulas: una para Ángel, otra para Diego, y otra de la cual se apoderó Marco, quien nunca hizo ejercicio además de haber fumado desmesuradamente. Definitivamente en esa travesía se conocieron quiénes eran los amigos. Por ejemplo, Diego contó después que en la caminata necesitaba agua, estaba muy seca su garganta, no sólo por la sed sino por el frío terrible del páramo. Él le pidió agua a Ernesto, su antiguo gran amigo, y no le quiso dar. Tenía la garganta tan seca y se sentía tan mal que le tocó tomarse sus propios orines...

Ese trayecto fue muy pesado: primero una subida agotadora de mil metros de altura; luego un páramo helado, lluvioso, pantanoso y luego, una bajada terrible. El páramo es muy lindo, es la naturaleza pura, lo disfruté mucho, excepto cuando llovió. Me cubrí con un plástico.

En unos pedazos el barro es terrible, uno pisa y se hunde, por lo que toca estar concentrado para pisar sólo un tipo de matas que soporta el peso. JJ a veces me tenía que ayudar a halar mi bota, pues si yo sacaba mi pie, la bota se quedaba enterrada. Cuando ya se estaba terminando el páramo contemplé un paisaje único: se veían montañas y montañas y nubes. Todo debajo de nosotros. Definitivamente estábamos en el techo del mundo…

A las cinco de la tarde terminamos de cruzar el páramo, ahí nos encontramos con el primer grupo. Faltaba la bajada, nos iba a tocar caminar de noche, ¡qué pereza! A pesar de nuestro entusiasmo con la caminata no nos había rendido nada. Nos tocó presionar a los guerrilleros a cargo de nosotros para que bajáramos de una vez. Comenzamos el descenso. Huertas salió volado y detrás de él una guerrillera, persiguiéndolo para evitar que se escapara. El atardecer fue una belleza. La bajada, desgastante, me dolían las rodillas, y todo se puso peor cuando oscureció. No se veía nada. Había unas piedras enormes, un barrial terrible y a cada paso me resbalaba y me caía. Estaba agotada. Ya no aguanté más y en una de esas caídas lloré. Esa trayectoria fue caerme y llorar, caerme y llorar… JJ me decía: "llores o no llores tienes que bajar y tienes que llegar". Paré de llorar cuando me acordé del librito que habíamos leído de Jesús y su muerte, mis pies, mis rodillas y mis caídas no eran nada comparado con eso.

Pensé que tampoco era tan grave esa situación y que ya pronto llegaría a descansar.

Más abajo nos estaba esperando Huertas, de ahí en adelante en algo mejoró la caminata, pues él fue mi guía. Me avisaba de las piedras y los huecos y me alertaba. También me sirvió un palo que me prestó Diego, el cual se convirtió en mi apoyo, aliviando un poco mis rodillas.

Después de horas y horas de marcha, llegamos a la casa del *Becerro* a las nueve y veinte de la noche. Nos recibieron "Los tres", nos sentamos en unos asientos de plástico y nos dieron Frutiño y avena. Luego cocinaron y nos dieron carne con arroz guerrillero. Todos comentamos nuestras experiencias, que Camilo se cayó, que qué bajada tan terrible, que ellos hicieron la pequeña subida en cuatro patas, que los guerrilleros son unos flojos. Sí son, flojos, pues "Los tres" les cargaron a las guerrilleras los minicruceros (sus morrales) y ni por esas respondieron como lo debían hacer. Y el "hijueputa" del *Dubernei* que no fue capaz de llevar su agua, se tomó toda la nuestra y ni una bendita linterna nos prestó.

La casa del *Becerro* se volvió una mansión. Cuando llegamos hace más de cuatro meses era un casa humilde, pero ahora tiene nuevo techo de zinc, madera nueva, y la casa está ampliada (les ha ido bien a esos pícaros).

Esa casa no era el destino final, debíamos llegar a "Los Cauchos", el escondite de los secuestrados. Eran cinco minutos más por trocha. Allá llegamos a unas tablas de madera en forma de cama franca interminable, al aire libre y cubierta por plásticos negros. Nos instalamos, a nosotros nos tocó en plenas tablas, pues nunca hemos tenido colchones (allá dormíamos en helechos). ¡A dormir! Por fin.

Impresiones individuales del trayecto

Diego:

Su grupo se perdió en el páramo. Iba con el viejo Ángel, a quien ayudó mucho, pues a cada rato se caía y los caballos se hundían (muy noble Diego, dadas sus discrepancias con Ángel). En la gran bajada descendió a pie, mucho duro. Uno de esos tipos lo acosaba, sin tener en cuenta que él es un hombre de 69 años. Él le decía al guerrillero que lo considerara, que perfectamente él podía triplicarle la edad. Le decía que en lugar de presionarlo tanto, lo botara por un abismo... El guerrillero le decía que si lo creía tan malo, Diego le respondió que entonces por qué era guerrillero (ahora el guerrillero está sentido con Diego por ese comentario, sólo tiene 16 años, todavía le queda un poco de nobleza e ingenuidad. Pero ya me lo imagino transformado en un año...)

Juan:

Milagrosamente llegó, y muy entusiastamente, comentando que cuando a uno le toca, le toca. Que se habían demorado por esperar a los caballos perdidos (su piecito que tanto le molestaba en el campamento no molestó, ni tampoco todos los achaques que lo aquejaban).

Álex:

Casi llora en la bajada, pues el dolor de sus rodillas era muy intenso. Se le hizo interminable ese tramo.

Hermes:

Los guerrilleros con su flojera lo pusieron a cargar un fusil (sin proveedor).

Ernesto:

No habló conmigo, pero lo vi hablando con otros acerca de su aventura. Parecía quejarse de nosotros, de que no lo esperábamos y lo dejábamos botado. Nosotros por ser del mismo grupo prácticamente lo veníamos arrastrando, me dio pesar con él, pues se le veía su cara de agotamiento pero al mismo tiempo aceptaba el reto de seguir nuestro ritmo. Aquí ya nos mira mal, en parte lo entiendo, le tocó un grupo fuerte físicamente, entrenado.

Ángel:

Se queja de día y de noche, no se ha levantado de su cama, dice que se le hundió una costilla en la travesía y está muy deprimido.

Octubre 6

Ya llevamos tres días aquí en "Los Cauchos". El primer día todos estábamos agotados, trasnochados, adoloridos, magullados. Los guerrilleros estaban todos de muy mal genio, no sabemos por qué y las comidas todas llegaron tardísimo.

Desde esa noche en adelante a todos los encadenaron, excepto a mí y a los viejos (Ángel y Diego). Consiguieron cadenas y varios candados que les ataban a los secuestrados alrededor de los pies y a cualquier palo de las camas.

Aquí no hay pocillos ni suficiente vajilla, hay que comer por turnos, y la bebida es en los platos o en donde uno pueda. Algunos tienen tarros plásticos de aceite rotos, y nosotros usamos cuatro tarros vacíos de jabón para entre siete. Pero el chocolate todo el tiempo nos sabe a jabón, pues no se ha quitado bien el aroma de las vasijas. Tampoco hay agua, nos traen un balde con agua de río que dejan cerca a nuestras camas, de ahí sacamos para todo lo necesario.

Ya estamos instalados en nuestras camas, dormimos apeñuscados, al aire libre, cubiertos por los famosos "cauchos" o plásticos industriales. Ya cada uno detrás de su espacio de cama instaló palos para repisas, cuerdas para la ropa, una vela, los útiles personales, etcétera. Nosotros instalamos nuestra carpa, nos la habían botado en el trasteo pero Pacho la "recuperó". La dormida ha sido terrible, no sólo por estar tan estrechos, uno muy cerca del otro, sino porque como es al aire libre tengo la cara y las manos todas llenas de picaduras de mosquitos. Esos benditos zancudos no dejan dormir, nos zumban en los oídos toda la noche y nos desesperan.

Ayer nos dejaron bajar a bañarnos al río. Cuando íbamos bajando, ¡Huertas se encontró con *Gonzalo*! Algunos secuestrados al enterarse, decidieron cancelar su baño, incluyendo a Álex que nunca deja de hacerlo así esté lloviendo. Él es un poco vanidoso, toma mucha agua para no envejecerse, no hace ejercicio porque suda y se afeita diariamente. Nosotros disfrutamos mucho el río, lavamos ropa, nos refrescamos y nos quitamos el sudor de la caminata y la mugre que teníamos de tantos días. Llegamos contentos, mientras que los que se quedaron por esperar una conversación con Gonzalo estaban callados y cabizbajos. Gonzalo solamente habló con Diego, quien le reveló todas sus pertenencias, y con Marco, a quien le dijo que con él se habían equivocado. Por eso Marco cree que muy pronto va a salir de aquí. A Ernesto le dijo que iba a salir en menos de 16 días. Estos dos hombres están que alistan cosas y toman nota mental de las razones que deben llevar a las familias. Ernesto ya regaló su colchoneta y el radio. Marco me pidió mi teléfono y me dice que ya es un hecho que él se va; se acabó de afeitar y de cortarse el pelo ¡por primera vez en todo el tiempo que lleva secuestrado! Quién sabe si se vayan. Ojalá sea cierto porque si esto no ocurre la depresión de ellos sería terrible, además sería muy bueno para que el ambiente de esperanza mejore los ánimos aquí, pues hace ya diez meses que a nadie liberan.

En las noticias dijeron que se firmó un acuerdo entre el gobierno y las FARC en donde se prorroga la Zona de Distensión, ¡qué locura! (ojalá no nos devuelvan otra vez para allá). Ese acuerdo no les exige nada a los guerrilleros, simplemente hay promesas tontas que ya sabemos que no van a cumplir: que ahora sí van a dejar pasar políticos a su territorio, que no van a llevar secuestrados a su zona (pero no dicen nada de no seguir secuestrando, ni de liberar a los que tienen acá), que aquello de las pescas milagrosas en las carreteras no es política guerrillera (pero si llegan a secuestrar a alguien específico sí lo es), y que van a estudiar el documento de "los notables" (pero como no pusieron término para su estudio, se pueden demorar todo el tiempo que ellos quieran). Nosotros pensamos que si implementaran dicho documento, sería mucho peor, pues sería posible la tregua, ellos podrían andar por todos los pueblos como Pedro por su casa, y el ejército no podría hacer nada. Mejor dicho, el presidente y los comisionados no tienen ni idea de negociar, ni siquiera tienen sentido común. A veces esas noticias y la ineptitud de nuestros gobernantes, además de estar en esta situación me dan mucho mal genio.

Este sitio es relativamente bueno, pues como dormimos al aire libre nos despertamos viendo el amanecer; los árboles gigantes nos rodean –y también nos ocultan– imponiéndose como los dueños de la selva, se escucha el sonido del río y los pajaritos cantan en coro. Lo malo es que no nos podemos mover mucho, no hay para dónde ir excepto el pequeño tablón (en frente de la cama franca hay un tablado pequeño, más pequeño que una cancha de voleibol. Es ahora el único espacio en donde se puede caminar. Allí entregan la comida y están los baldes con el agua) y es difícil hacer ejercicio, nos toca hablar en voz muy baja, la ropa casi no se seca, son pocos los rayos de luz que entran directamente y esos benditos zancudos zumban terriblemente. ¿Estaremos aquí de paso? Ojalá no, no quiero ir a la montaña, ni tampoco volver a donde estaba. Dicen que la montaña es terrible, y volver a donde estábamos es como alejarse de la libertad.

A "Los tres" en la caminata les botaron la ropa, no tienen nada. JJ les regaló su camisa. Se perdieron los pocos libros que teníamos, unas latas de atún, sardinas, y un cuaderno en donde Pacho y Camilo tenían anotado un plan de negocio de crianza de marranos y pollitos que implementarán cuando salgan de aquí.

Juan y Hermes ahora son amiguísimos, se la pasan todo el día rezando el rosario, dizque 18 veces al día.

Octubre 9

Estamos aburridos, y dicen que la montaña es peor. Y como que para allá vamos...

Hemos estado pendientes de las noticias, siguen con la farsa de la Zona de Distensión. Eso no es bueno para el país, otra vez el mismo cuento, seguirán los abusos de estos guerrilleros y la indiferencia del gobierno mientras que muchos pagamos el precio. El último acuerdo es el de San Francisco de la Sombra, y lo acaban de violar los guerrilleros con una pesca milagrosa que hicieron en Pasto, Nariño. Y nada va a pasar. ¿Para qué más acuerdos? Todos estamos cansados con esta situación, hay protestas por doquier, pero el presidente no escucha a nadie.

La dormida mejoró un poquito, pues pusimos la carpa cubriendo nuestra cama, ya nuevamente tenemos un poco de privacidad y menos zancudos. También nos ayuda a aislar los ronquidos de los vecinos.

A los hombres los encadenan en las noches, cada vez que nos vamos a acostar, un guerrillero pasa cerrando candados. Al otro día, en la mañana, quitan los cerrojos.

JJ está haciendo un experimento con la cadena que le ponen en el pie todas las noches, pues le talla mucho, y no puede dormir *(el experimento era que se ponía doble media y un palito entre las dos capas, luego se quitaba el palito y la cadena salía del pie. Era una consideración adicional para la posibilidad de escaparnos de "Los Cauchos" por la noche).*

JJ cargó el tablero de ajedrez que hizo Huertas durante toda la travesía del páramo, de lo contrario se hubiera quedado. Muy poco antes de llegar JJ se sentó sobre él para descansar, y lo dejó allí. Se lo hemos pedido varias veces a los guerrilleros, está muy cerca de aquí, pero ellos dicen que no lo han encontrado. Yo creo que se lo robaron, pues frecuentemente nos piden las fichas prestadas. Por eso ahora jugamos cartas. Ernesto está peor porque los guerrilleros no le trajeron sus caletas miniatura, que mostraba con tanto orgullo y que había hecho con tanta dedicación como regalo para su familia. Se las dejaron tiradas en el páramo, el hombre literalmente lloró por eso.

Hablé con Ángel. Siento mucho pesar, pues está muy deprimido, anda cabizbajo, no habla, ya no canta, está muy maltratado y se le nota su tristeza. Yo traté de reanimarlo, darle esperanza, pero es difícil, está muy mal. Ya anda solo, nadie se junta con él, qué pecado.

Octubre 13

Estos tres días han sido muy duros. No he tenido otros sentimientos diferentes a la indignación, la rabia, el dolor, la tristeza, la compasión. Ángelito, pobrecito, colapsó anteayer 11 de octubre. Estaba durmiendo de día, roncaba, duro y seguido, demasiado seguido. Karl lo vio sudando y con los ojos abiertos. Pepe inmediatamente se lanzó a despertarlo y a sacudirlo, pero Ángel no reaccionaba y seguía roncando y roncando con los ojos abiertos.

En ese momento JJ, Huertas y yo estábamos en nuestra nueva oficina. Nadie miraba, todos estaban pendientes de Ángel. A JJ se le ocurrió que era el momento perfecto *(para escaparnos)*. Lo consultamos rápidamente. Yo dije que si ellos dos lo decidían, yo lo haría, pero que me daba miedo. Analizamos la situación, nadie nos estaba mirando, pero los alrededores son peligrosos, a esta pequeña selva la rodean pastizales con casitas campesinas, no sabemos si habitadas precisamente con campesinos. Huertas dijo que no era el momento, que lo pensáramos mejor y nos preparáramos mejor. Tampoco teníamos provisiones listas. Y nos dio un poco de pudor aprovecharnos de la situación.

Los guerrilleros fueron a ver a Ángel, llamaron al "médico" que le puso suero. Pepe lo cuidaba, lo acomodaba, le revisaba su respiración. Le sugerimos a los guerrilleros que lo llevaran a la casa del *Becerro* para que fuera más fácil sacarlo en caso de emergencia, y para que estuviera más cómodo y más caliente. Álex le dijo al nuevo comandante que "cuidara su inversión" y lo subieran. Otros les rogábamos que informaran a los mandos altos o a la familia, pues era algo grave. Nos respondieron que tocaba esperar hasta el día siguiente a las nueve de la mañana, hora en que el comandante se comunica con *Gonzalo* por radio. ¡Qué sentimiento de impotencia! Todos estábamos preocupados por la salud y la vida de Ángel, pero a los guerrilleros parecía no importarles…

Pepe, con su prudencia característica y su buena forma de convencer, le sugirió al "médico" que solicitara que informaran de la situación, pues si algo le pasaba a Ángel, toda la responsabilidad sería de él. Muchos de los secuestrados estaban preocupados por su muerte, ya que su liberación se podría ver afectada, pues a veces los cautivos se mueren y los secuestradores siguen extorsionando sin que nadie se entere… Ya liberar a alguien sería riesgoso, porque puede contar que un secuestrado se murió y se dañan las extorsiones.

La noche fue dura, Pepe, tan lindo, se quedó toda la noche cuidando a Ángel, junto con el "médico", quien precisamente fue quien lo guió en la caminata, el que no lo dejaba bajar del caballo, el que se burlaba de él… Como a las cinco de la mañana le dio hipotermia a Angelito, le pusimos muchas cobijas. Algunos de los secuestrados daban órdenes desde lejos, pero ni se les ocurría acercarse a Don Ángel, y a las cinco de la tarde se fueron muy puntuales por su comida, como si nada hubiera pasado. Nosotros no pudimos comer casi, ¡qué sentimiento de rabia ver que nada se hace para mejorar la situación y que a nadie le importa! Tampoco pude dormir bien, tenía mucho miedo de que Ángel dejara de respirar, de su destino, me preguntaba si lo iban a sacar, si lo iban a tratar como se debería, si podría llegar con vida a un lugar seguro...

Como a las ocho de la noche reaccionó Angelito, qué alegría, después de cinco horas inconsciente. Él tosió, creo que se dio cuenta de su situación y le entró un ataque de pánico, gritaba y no dejaba de gritar: "¡me ahogo!" Los guerrilleros le decían: "ya, cuchito, no se va a ahogar" (pero obviamente no había oxígeno). Yo me paré de mi cama y lo visité un rato. Le decía: "Angelito no se angustie y verá que puede respirar mejor". Se tranquilizó, se quejaba mucho y toda la noche gritó: "piedad, Señor", "¿qué estoy pagando?".

Pasó otra noche, Pepe lo volvió a cuidar. Yo de vez en cuando en la noche lo escuchaba. En su lucidez dijo que podría ser un coma diabético, y que por favor le pusieran azúcar en la boca. Ayer amaneció relativamente bien, pero a medida que pasó la mañana ya no se le entendía nada. Cuando nos veía en frente, nos señalaba, y a algunos les pidió la mano. Ya hablaba muy trabado. Lo peor es que no pasaba nada, los guerrilleros no hacían nada, los mandos no aparecieron. Decían que habían llamado a un médico, pero nada que llegaba. El "médico", si se puede llamar así, le dejó de poner suero al enfermo porque no le encontraba la vena, Ángel de nuevo quedó inconsciente. Muchos de nosotros sentimos ira, yo le reclamé al guerrillero, quien de mal genio respondió que no le encontraba esa "hijueputa" vena. Al lado estaba *Jaime* muerto de la risa, ¡qué cretinos! Les pregunté por el médico que habían mandado llamar y me respondieron que lo estaban mandando hacer. ¿Para qué más preguntas o reclamos a esos desgraciados?

Luego volvieron a ponerle suero al viejito. Qué angustia, no lo movían, no lo sacaban, dizque esperando al médico. Ayer no nos reímos, no hablamos, no jugamos; estábamos preocupados e indignados. Invitamos a todos a rezar por él, sólo rezamos siete, pedimos porque lo sacaran, porque se mejorara y pudiera estar con su familia.

Más tarde llegó Camilo con el chisme: que un guerrillero le dijo que iban a sacar a Ángel. Me dieron ganas de ir a contarle así no escuchara, eso de pronto lo haría aguantar un poco más. Pero era un chisme, si no resultaba cierto podría morir de depresión.

El médico nunca apareció. Llegó la noche y nada pasó. Ayer JJ y yo rezamos varias veces, tuve ganas de llorar, pero me las aguanté.

Ángel sigue igual, simplemente respira. Lo voltean de posición, se debe cansar de estar siempre igual. En un momento nos pidieron nuestra carpita para llevarlo cargado allí en forma de hamaca. ¡Qué alivio! Lo primero que se me ocurrió es que ojalá aguante, que se lo den a su familia, enfermo pero vivo...

Al irse Angelito, Miguel se puso a mirarle sus cosas y le encontró un sobre de Neguvón, un antiparásito para el ganado. El imbécil va y dice a todo volumen que fue que Ángel se envenenó. Huertas nos explicó que él también lo usaba, y que sirve para limpiar cosas, curar heridas y preparar remedios caseros. Si se lo hubiera tomado para ese fin se hubiera intoxicado y hubiera vomitado. Ahí mismo llegó el "hijueputa" de *Jaime*, cogió el sobre y dijo despectivamente: "¿sí ven todo lo que hacen por no soltar la plata?"

Más tarde nos requisaron a todos y nos quitaron cortaúñas, espejos y todo tipo de metales y vidrios, dizque para que no nos suicidemos, ja ja. Luego nos reunió *Jaime* a decirnos que lo que estaban haciendo no era por malos, sino por seguridad de nosotros, para que no hagamos locuras, pues un día podemos amanecer locos y hacer lo que hizo Ángel, que se intoxicó a propósito, según ellos. ¡Muchos saltamos a defenderlo! JJ dijo que si hubiera sido intoxicación hubiera vomitado. Pepe comentó que cuando Ángel se despertó estuvo cuerdo, luchó por su vida, advirtió de un posible coma diabético y que le pusieran azúcar en la boca. Yo también le dije que envenenamiento no era, pues él luchaba por respirar. Qué problema el que se armó, y qué rabia ver cómo tergiversaron todo.

Cuando se llevaron a Ángel en la hamaca me despedí de él como si me estuviera escuchando, le deseé suerte y le dije que tuviera ánimo, pues lo iban a sacar. Traté de que le llevaran una cobija, pero los guerrilleros no quisieron. Ya hace como dos horas que se fue y siento un poco de alivio, pues existe la esperanza de que llegue a un lugar mejor donde lo puedan atender, ojalá se encuentre con su familia y se recupere. Lo sabremos por los mensajes.

Tan pronto se fue Ángel, varios secuestrados comenzaron a coger sus pertenencias, ¡qué falta de respeto! Los guerrilleros tomaron otras de sus cosas y las comenzaron a quemar, incluyendo su cuaderno, que no lo pude coger primero. Lo quería guardar para algún día dárselo a su familia.

Juan está muy mal de su cabeza, pobrecito, se volvió loco en el cautiverio, se le nota en su cara, dice que tiene un problema de "salivación" y se la pasa escupiendo todo el día, a veces pasa con unos calzoncillos tapándose la nariz, y hace unos ejercicios todos bobos: se para y mueve los antebrazos poniendo sucesivamente un puño sobre el otro.

¡Lo chistoso es que tiene seguidores que hacen ejercicio con el! Con respecto a Ángel, comenta que fue culpa de su familia, por no sacarlo de aquí (ya parece un guerrillero).

Ayer llegaron unos guerrilleros con las caletas miniaturas de Ernesto (me imagino su felicidad después de haber llorado por ellas) y con Moisa (la marrana) ¡muerta! ¡Por eso ayer comimos cerdo!

Octubre 14

Se terminaron las carreras de la Fórmula 1. A JJ y a Huertas se les acabó su marcador de tiempo, una de sus pocas entretenciones y una ilusión. Afortunadamente nos quedan los mensajes.

Los guerrilleros se fueron ayer a llevar a Don Ángel disfrazados de civiles, se quitaron sus uniformes camuflados y pidieron prestadas unas camisas a los secuestrados. Tenemos temor de que haya muerto Angelito, pero por comentarios de los guerrilleros parece que iba estable, es decir, que por lo menos a ellos no se les murió por el camino. Como que se lo entregaron a *Gonzalo*, que llegó a recogerlo en un carro. ¿A dónde irá?

Ayer llegó *Jaime* a pedir el sobre de Noguvón, tal vez para mostrárselo a sus mandos superiores y para "confirmarnos" que Ángel se había envenenado. Ya sólo queda callar...

Lo que pasó con Ángel nos ha hecho reflexionar mucho. ¡Cómo se acostumbra uno a esto! Nos levantamos, comemos arepa, pasa el día y llega otro, y la situación cada vez se va volviendo más normal. Ya casi ni juzgamos a nuestros verdugos, ni nos quejamos de nuestra situación, inclusive algunos ya simpatizan con ellos. ¿Será la enfermedad de Estocolmo? ¿Qué pasa? Nunca pensamos que en nueve meses el primero que iba a salir lo haría de semejante forma. Hoy un guerrillero (¡que hijueputa!) nos dijo: "¿sí ven que ya van saliendo?" Tenemos miedo porque hoy fue Ángel, pero mañana puede ser otro. Ya quedó confirmado que si nos da paludismo, apendicitis o cualquier enfermedad, acá nos dejan morir. Eso nos hace estar más resueltos en nuestras aspiraciones *(escaparnos)*.

Dicen que nos van a cambiar de lugar. Se han visto viajar guerrilleros llevando cosas quién sabe a dónde. Será a la montaña, la tan famosa montaña, ¿cómo será?

Octubre 17

Ya llevamos tres días en este lugar tan temido: la montaña.

El lunes nos despertaron quitándonos el techo y después del desayuno, partimos. Desmantelaron todo y salimos a caminar. Nosotros nuevamente no quisimos entregar nuestros costales, preferimos cargarlos. Otros los entregaron para que los cargaran las mulas. Fue una marcha corta, más o menos una hora, aunque alcanzamos a sudar. Atravesamos el río en donde algunas veces nos bañábamos y comenzamos a escalar una montaña. Por el camino fuimos comiendo moras, de las matas que encontrábamos por ahí. La subida a la montaña era muy tupida, casi impenetrable. Ya estuvimos en el techo del mundo (el páramo), el culo del mundo (el campamento) ¡y vamos por el bello púbico del mundo! Con esta selva debe ser muy difícil escaparse...

Llegamos. Al principio me pareció terrible ese campamento: en mitad de un bosque de árboles gigantescos, varios de ellos tumbados en el suelo, devastados, y tres ranchos hechos de troncos y plásticos. El rancho de los secuestrados era una gran cama franca, larga. Sus bordes eran los troncos, el colchón era la tierra y las sábanas eran unas hojas grandes llamadas "cola de pato", parecidas a las elegancias que nos ponían para descansar en los matorrales de los primeros días. Había dos camas pequeñas aisladas hechas de la misma forma: una sería para Karl y otra para nosotros dos ¡solitos!

Como a las cuatro de la tarde nos armaron nuestra caleta, le pusimos una carpa encima y la hemos ido mejorando cada día. Lo bueno es que tenemos privacidad y más espacio. Estos días han sido de puro trabajo: buscar palitos para la caleta, para una repisa, hacer el empalizado en el piso de la entrada para evitar los barriales, etcétera, así se va el día.

Es duro, es difícil el cambio de sitio, estar encerrados en medio de la selva, con mosquitos, y más incomodidad. Todo es húmedo, los árboles son hermosos, gigantes, pero no dejan entrar la luz ni el sol, hay muchos moscos y no podemos movernos mucho, no hay donde hacer ejercicio, ni caminatas, ni donde recibir el sol, casi no hay cómo sentarse excepto en las camas.

Ayer escuché una noticia muy triste por radio, de un niño que murió *(en realidad era Ángel, nuestro compañero de secuestro)*. Me pregunto cómo sigue siendo uno tan ingenuo esperando buenas obras, buenos gestos, cómo sigue el presidente Pastrana hablando con las FARC. Se confirmó lo que yo ni siquiera temía, pues la esperanza de buenas acciones es mayor, se confirmó lo que Huertas había predicho *(que iban a dejar morir a Angelito)*. Por eso, ahora sí me convenzo de algo que Huertas siempre dice y yo no he querido aceptar, y es que este encierro se va a prolongar mucho *(escuchamos en la radio que habían dejado muerto a Ángel en una estación de policía, abandonado. El tratamiento muy posiblemente hubiera sido diferente si nosotros no hubiéramos estado presentes, tal vez lo hubieran enterrado en cualquier parte. Lo entregaron varios días después de sacarlo de aquí).*

La idea que tenemos con JJ y Huertas está madurando *(escaparnos).*

Octubre 20
Esto es muy aburrido.

Hoy les llegó un paquete de las familias a Karl y a Camilo. Primera vez que veo que ocurre eso. A Camilo le mandaron biscochitos, champú, crema dental y una carta. Nosotros le tomamos el pelo, que muy poquito, que eso no alcanza para todos, que mande decir que envíen más cosas, que a las tres hacemos merienda ja ja. A Karl le llegó un morral con revistas y una Bíblia en alemán, calzoncillos, medias, medicamentos, camisetas, un radiecito, ¡y ni una carta! Inmediatamente varios se fueron a conversarle, esperando que algo les compartiera, pero cuando vieron que no había intención, se marcharon.

Los guerrilleros me dieron un cuaderno y un esfero, ojalá no lo tenga que usar, ya me quiero ir de acá. Dios mío, estas cosas que tenemos en la cabeza están ya casi estructuradas *(ya tenemos el escape más pensado, y lo estamos planeando para pronto).* No sabemos cuál es nuestra situación, ni en qué irán las negociaciones allá afuera, los mensajes no nos dicen nada. ¿Cuánto tiempo nos quedará? Queremos que quede poco tiempo, ya estamos desesperados, ya sabemos que estos guerrilleros no investigan nada acerca de la situación económica de los secuestrados, esto es pura extorsión.

Ya sabemos cómo será la cosa *(el escape)*, pero al mismo tiempo nos preguntamos cómo será, Dios mío, ayúdanos. También necesitamos una fruta *(papaya –en este caso la papaya se refiere a una oportunidad–)* y mucha suerte. Tal vez la luna nos ayude, te estamos esperando para que ilumines nuestros pensamientos *(a parte de papaya, la oportunidad, estábamos esperando luna llena, para que nos iluminara en las noches de travesía)*.

La quebrada donde ahora nos bañamos es muy sabrosa, allá nadie lo ve a uno, hay mucha privacidad, hasta me podría bañar empelota. Queda muy cerca al campamento, debemos pasar unos dos metros por un pequeño campo abierto de matorrales bajos y llegamos. (Por allí pensábamos escaparnos).

Hoy llegaron 35 pollitos. Ya "Los tres" se pidieron administrarlos y se fueron a hacerles comederos y bebederos. Van a tomar datos y a hacer experimentos con ellos, lo cual les sirve para su proyecto, pues cuando los liberen piensan poner una pollería, o algo así. Qué rico sería un sancocho de gallina, mmm. Ojalá me lo coma pronto, pero en la civil.

Dios mío, ya casi cumplo años. Dame un buen regalo de cumpleaños, antes te pedía un buen vuelo de parapente, hoy te pido la libertad. Danos las condiciones, la fuerza, la valentía, la paciencia y la salud, por favor.

Los del otro grupo se la pasan peleando, están muy desintegrados. Jaime nos reunió para decirnos que debíamos dejar los conflictos entre nosotros, ¡pero nosotros estamos aquí es para que nos saquen la plata y no para que nos integremos! Es que acá en cautiverio cada cual se muestra como es. No estamos con armaduras tales como un cargo, el poder, el dinero, la apariencia. Aquí todos somos iguales, con dos mudas feas, con las mismas propiedades, sin jerarquías. Ninguno es más importante que el otro, nadie tiene más dinero, ni poder sobre otro. Entonces somos como somos. No podemos dar órdenes, ni tenemos que aparentar. Tampoco tenemos que obedecer. ¿Será por eso tanta chabacanería? ¿Harán lo mismo que hacen aquí allá afuera?

Octubre 23

¿Cuándo será ese momento? Hemos esperado mucho. Posiblemente hoy, posiblemente mañana, aunque el sábado es lo definido. Tenemos mucha angustia *(Hablando del escape)*.

Agarraron a dos guerrilleros de este Frente en Alpujarra, y como que dieron mucha información provechosa para el ejército.

Ahora la diversión que existe son los pollitos. Hicimos una balanza. "Los tres" siguen con sus experimentos, los marcan, los pesan en la balanza contra libras de chocolate, anotan datos, en fin. JJ y yo no hemos hecho nada, hasta no saber nuestro destino próximo, tal vez son los nervios que no nos dejan concentrarnos en una tarea. Estamos solamente observando, la gente, las horas, los guerrilleros, los lugares.

Nos llamaron a uno por uno, y nos entregaron mudas nuevas. A mi me dieron unos jeans simpáticos, y dos juegos de ropa interior, nuevamente de colores, ¿por qué no me dan unos como los de las guerrilleras? También nos entregaron botas nuevas, menos mal, pues las mías se abren y hay que ponerles parches. A JJ también le dieron calzoncillos, y pantalones.

Octubre 25

Anteayer no pudo ser. Se alistó todo y cuando nos íbamos a bañar, se nos adelantó Juan. Luego llegaron al río varios guerrilleros a cortar leña *(el plan era escaparnos por el río. Decir que nos íbamos a bañar los tres y coger río arriba. Los guardias esporádicamente revisaban a la gente que estaba bañándose)*. Luego llovió durísimo, ríos por todos lados, nuestra caleta se inundó, casi ni se podía entrar y los alrededores eran un barrial. ¡Qué mal genio!

Ayer llegaron 15 guerrilleros nuevos y se fueron todos los del Frente 25. Sólo quedaron los ocho que habían llegado al páramo, los del Frente 17[12]. Esto demora las cosas, pues no conocemos cómo son, pueden ser más desconfiados ya que no nos conocen. Uno de los que se fue nos pidió la carpa que cubre nuestra caleta y ahora tenemos una horrible, sucia, delgada, desgastada y con rotos.

Aquí no es fácil bañarse tan a menudo como en el páramo, pues la ropa no se seca, dura a veces ocho días mojada. Tampoco se puede gritar, debemos hablar en voz baja.

Octubre 26

Hoy no ha ocurrido nada, pues *Peter*, el guerrillero a quien más conocemos por ser de los antiguos *(nos dimos cuenta que no revisaba a los que iban a bañarse a la quebrada)* no ha estado en guardia y lo vamos a esperar.

(Todas las mañanas Huertas llegaba a encerrarse con nosotros en la caleta para crear costumbre de estar los tres allí, empacábamos en nuestros costales el mosquitero, las cobijas, los overoles y las reservas de comida. Al final del día, cuando no se lograba coronar, volvíamos a desempacar).

Estos nuevos guerrilleros se ven como buena gente, o como diría Huertas, menos "hijueputas". Han tratado de

---

12 El Frente 17 "Angelino Godoy" de las FARC opera en el norte del departamento del Huila.

ser amigables y no están viciados, pero poco a poco se van volviendo unos cretinos. Además nosotros los "cuchos" con tanta reverencia los volvemos así. A veces veo a todos esos muchachos, todos son muy jóvenes, y me da lástima. Me da lástima que vean a la guerrilla como una opción. ¿Por qué? Creo que hay mucha gente errada, lo ven tan normal como haber escogido irse al ejército o a Bogotá a estudiar. Definitivamente esta situación es culpa de los gobiernos: por el abandono, por la falta de educación y por la falta de presencia (no sólo militar). Escoger la guerrilla es como si una joven escogiera ser prostituta en medio de más opciones. Acá se ven casos casi de prostitución. En la tropa nueva llegaron cinco mujeres. Hay una de pelo claro, de cara muy bonita, un poco gorda y muy vanidosa. Camina con tanto cuidado, que si la persigue el ejército ("los chulos" como dicen ellos) la bajan de inmediato. Tiene su caleta decorada con hebillas, moños, esmaltes, maquillaje y mariposistas. Hoy se maquilló demasiado y salió a pasear toda orgullosa para que los "cuchos" le echaran piropos, y efectivamente lo consiguió.

Qué pesar que estos niños tan ingenuos resulten delincuentes, cómplices de muchas cosas y que luego los maten, incluso antes de madurar.

¿En dónde y cómo estaré en mi cumpleaños? (el 3 de noviembre), Huertas me dice que no me haga ilusiones. Qué susto. Pero es que Huertas dice que nuestro plan, si decidimos hacerlo, es de varios días, dice que mínimo una semana. Cuando conversamos sobre esto Huertas siempre me regaña. Me dice que no puedo quejarme, que no puedo decir: "ay mi piececito", y yo le digo que no lo haré. Yo creo que soy buena *(caminante)*, aunque de pronto lo dice por mi llorada el día del regreso a "Los Cauchos".

Capítulo 7

El escape

Octubre 31

¡Ya casi estamos libres! Mejor dicho, ¡ya estamos libres! Dios mío, sólo nos falta llegar a un lugar seguro.

Aquí estamos descansando y esperando a que anochezca, para poder salir a caminar sin que nadie nos vea, estamos escondidos, pues por el camino que necesitamos bajar se atraviesa una casa. Estamos empapados, sucios, raspados y embarrados, pero en parte felices, ya que este lío en el que nos metimos pronto tendrá que acabar. Estamos muy asustados porque toda casa, todo campesino, es un enemigo potencial, pueden ser informantes o colaboradores de la guerrilla, como *El Becerro*.

Octubre 27

Casi no tomamos la decisión de escaparnos. El plan fue dejar las botas nuevas afuera de nuestro lugar, ponernos las botas viejas, pretender que estábamos haciendo la siesta y salir por detrás de la caleta, entre los matorrales que dan justo hacia el camino de la quebrada. En ese momento, por la mañana, no había nadie por ahí y estábamos con la duda de si escaparnos así o no. Estábamos esperando a que lloviera para que todo el mundo se encaletara, pero preciso no llovió. Al medio día, cuando ya estaba decidida la fuga, JJ me hacía ojos y caras, pero yo estaba en pleno juego de cartas. Por fin me paré con la excusa de tener dolor de estómago, que en parte existía por los nervios, pero a quien le tocó relevarme en el juego fue a Huertas...

Esperé a que Huertas acabara el juego, pero ya más tarde no hubo oportunidad de salirnos. No nos podíamos llevar la Bíblia pero arranqué la hoja del Salmo 91, aquel que *El Chulo* nos decía que si lo leíamos nada nos iba a pasar y la metí entre mis cuadernos.

Huertas ya estaba cansado de que por tanto esperar no se había podido bañar, que olía a feo, que no aguantaba más. Después del tinto de las tres se fue a limpiar. Yo no sé a qué horas me dice JJ que Huertas ya está listo, que nos vayamos ya, ¡qué susto! Pero abortamos la idea, pues ya eran las cuatro de la tarde, sólo nos quedarían dos horas de luz...

¿O será que si? Estaba de guardia la vanidosa de pelo claro. El siguiente cambio de guardia era hasta las seis. Eso nos animó. Yo estaba en la caleta y llegó JJ otra vez a decirme que nos fuéramos. Yo del susto no pude sacar la bolsota con las reservas, que era mi tarea, me parecía muy evidente. JJ, que ya estaba en la quebrada esperándome, tuvo que devolverse a ver qué pasaba conmigo y sacar la bolsa negra. Como ya habíamos generado costumbre de ir a bañarnos siempre llevando una bolsa grande con la ropa, no sospecharon. Yo esperé un poco y me dirigí a la quebrada.

Apenas me asomé y JJ y Huertas me vieron, empezaron a echar para arriba, por la quebrada, contra la corriente. Ahí no hubo tiempo de dudar. Qué angustia, me temblaban las piernas, casi no puedo atravesar el puentecito de palo para llegar a la otra orilla. Metimos nuestras botas al río y déle para arriba, como fuera, mojándose, pero hágale. De los nervios yo casi no tenía fuerzas para escalar, por lo que le decía a JJ que me empujara el trasero.

JJ anticipadamente había escondido en la quebrada dos botellas con agua para llevar, pero en el afán, sólo encontró una. Subimos un rato por la quebrada, luego nos hicimos al costado de la pendiente de la montaña y nos comenzamos a arrastrar por esa maldita selva tupida, por debajo de raíces de árboles gigantes y de matorrales. Huertas es el guía, luego sigo yo, y luego JJ. Él por ser tan grande casi no puede meterse por donde Huertas y yo nos metemos, se atora a veces entre todas esas raíces, además porque lleva un costal.

Anduvimos como locos, rápido, nerviosos, tratando de no romper ni una raíz, de no abrir ningún camino, cuando lo hacíamos Huertas se ponía bravo. Nos dirigimos hacia arriba, hacia la cima de la montaña, contra toda suposición guerrillera. Estando arriba, nos asustamos mucho, vimos un camino y descubrimos a qué era que varios guerrilleros salían: a abrir trocha para tener rutas de escape. Encontramos otro río pequeñito, lo atravesamos. Vimos humo, luego una casa entre la selva, un perro comenzó a ladrar y qué susto, devuélvase, corra, suba otro poco.

Como a las seis de la tarde decidimos parar, pues ya casi no se veía nada. Encontramos una especie de cueva natural hecha de raíces de árbol y allí nos instalamos. Pusimos un plástico en el piso, un toldillo, las cobijas y a dormir. Estábamos felices pero un poco intranquilos por la relativa cercanía al campamento, porque sabíamos que nos podían estar buscando, y por los ladridos del perro que se escuchaban ya lejos. Vimos una luz. ¡Carajo, una linterna! No, era una luciérnaga, qué delirio tan horrible. En el fondo sabíamos que ahí no nos iba a encontrar nadie.

Quedamos muy incómodos, ni el plástico, ni las cobijas son lo suficientemente anchos para tres, teníamos que dormir encogidos. Además nos resbalábamos porque el suelo tenía desnivel. Nos acomodamos como pudimos, pero ¿quién iba a dormir con esa ansiedad tan brutal? Nos asustábamos por un ruido, la caída de una hoja o el sonido de un animal. Comenzó a llover. Nos pusimos el plástico por encima como una cobija, debajo del toldillo; así pasamos la noche, incómodos, esperando a que las horas pasaran. Como no podíamos dormir hablamos de lo que era obvio: el plan de mañana es andar todo el día por la selva, pasado mañana también seguimos caminando, dirigiéndonos hacia el sur, en donde la cordillera debe descender, luego hay que bajar al valle y caminar por las noches entre potreros, bordeando la carretera que debe llegar a un pueblo llamado Colombia, en el Huila.

Con la conversación nos tranquilizamos, comentamos también la felicidad que sentíamos al estar libres, la alegría de no tener que contar los cuadritos del papel higiénico para ahorrarlo, de no tener que aguantarnos a algunas personas. Pensamos qué estarían haciendo los secuestrados, ¿castigados? ¿Nos estarán buscando los guerrilleros? ¿Por dónde? Mi susto es que los de las FARC llamen a nuestras familias o las persigan, pero Huertas me tranquiliza: sin pruebas de supervivencia nuestras familias no van a hacer nada. Rezamos un Padrenuestro y seguimos dejando pasar la noche, sin comer. Pensamos en que preciso esa noche la comida iba a estar rica, pues era con colada.

Octubre 28

Antes del amanecer alistamos nuestro equipaje, nos quitamos nuestros overoles (que en toda esta odisea han sido una maravilla), nos pusimos la ropa sucia y mojada, y hágale otra vez. Más árboles, más selva, más raíces. Subimos y bajamos como cinco montañas, y en cada cañón atravesamos un río. Casi siempre alrededor de los ríos encontramos una vegetación brava, casi impenetrable, y el pobre Huertas va abriendo monte, ya tiene toda la cara rayada. En el primer río nos tocó rodarnos por una parte muy inclinada, y luego saltar a una gran piedra. Como en el cuarto cañón cogimos río abajo, estaba un poco seco y tenía unas piedras gigantes, algunas difíciles de saltar por su altura.

A veces nos desubicábamos, pero Huertas sacaba su brújula: una tapa de frasco que llena de agua y una aguja imantada que guarda en un imán que sacó de un radio desbaratado.

De las subidas hubo dos muy duras, pues la cima de esas cumbres eran grandes piedras que no pudimos subir, y nos tocó devolvernos e ingresar por detrás. Huertas y JJ llevan costales y yo el agua. Ese día JJ no quería dejarme cargar nada y en una de esas montañas botó la botella de agua. Huertas y yo estábamos bravos porque yo no tengo problema en cargar una botella. JJ se devolvió a buscarla y no la encontró, desistió y se regresó por un camino diferente, ¡y ahí estaba! JJ dice que fue Ángel quien le puso el agua allí, pues por ese lugar no habíamos pasado. Bueno, puede que sí haya sido Ángel, pero me da risa que sea JJ quien diga eso, pues cuando yo le decía que rezáramos para que nos pudiéramos escapar, él me contestaba que para eso no se reza. Yo le decía que pidiéramos que Dios nos diera ánimo, fortaleza, resistencia, pero su teoría es que se reza solamente para fortalecimiento espiritual y no para que Dios le dé a uno cosas. Sin embargo, él fue quien propuso el Padrenuestro antenoche y ya acepta que hay casualidades que son a causa de Dios. Y gracias a Él nos ha ido bien.

Casi todo el trayecto ha sido de selva, subidas y bajadas de montaña. Como a las diez de la mañana paramos dizque a almorzar (y a desayunar, pues no habíamos probado bocado). Nos comimos una arepa entre los tres y una bolsita de galletas desboronadas, entre los tres. Seguimos caminando. Cada montaña era más baja y la vegetación estaba cambiando, los árboles no eran gigantes, eran matorrales y rastrojos, tal vez por ser montañas trabajadas. Llegamos a una casa, había un espacio abierto y un potrero sembrado con moras. Comimos unas pocas. Huertas encontró un árbol con tomate de árbol, arrancó tres y seguimos la caminata para subir la última montaña del día.

A eso de las dos de la tarde encontramos un prado, qué rico, ya no parece tan selvático, nos quedamos descansando en la selva adyacente. De repente comenzó a llover, entonces sacamos los plásticos, los amarramos a los árboles para hacer un techo, nos cambiamos y nos pusimos los overoles y medias secas, pues la ropa estaba empapada. Nos quedamos sentados, arrunchados, tratando de que nos pasara el frío, esperando a que llegara la noche para poder caminar tranquilos, pues ya allí eran potreros y tocaba avanzar en la oscuridad. Nos comimos una "cancharina" entre los tres, y de postre, un dulce para cada uno.

Nos asustamos horrible: vimos que algo se movía, lejos, entre los árboles. El miedo nos decía que era un guerrillero, aunque la razón nos decía que era imposible, el delirio es engañoso. Más tarde sonó como un disparo, muy lejos, me asusté mucho.

A las seis de la tarde empezamos la marcha de nuevo. Desde ese potrero nos asomamos y pudimos ver la tan mencionada carretera, esa misma que atravesamos con *Gonzalo* cuando nos llevaban a "Los Cauchos" y luego al páramo, esa misma que supuestamente va hasta Colombia, Huila. También observamos que habíamos pasado un pueblo. Qué maravilla, pensamos que era Santa Ana y Huertas dijo que nos había rendido mucho.

Había luna llena, perfecto, pero esa bendita luna estaba borrosa y no se veía mucho. Caminamos como diez minutos, pasamos por un potrero con ganado, luego otros dos potreros; se veían casas y luces al fondo. Huertas nos paró y dijo que eso lo podíamos caminar de día, que descansáramos, así que nos acomodamos en un potrero debajo de un matorral. Poniendo el plástico uno decía que así y el otro que no, que de lado. Yo quería que todo quedara bien, qué importa demorarse en las instalación si así dormimos mejor, pero estos dos estaban de mal genio y me decían que estábamos en un potrero, que no fuera exigente. Esta mañana se arrepintieron de sus palabras, pues llovió y a Huertas le tocó pararse como dos veces a acomodar otro plástico para no mojarse. Además por no rodarnos uno encima del otro, se cuadró la cama de manera que todos durmiéramos inclinados, en bajada; eso fue terrible porque nos escurrimos toda la noche. No dormimos mucho. En la madrugada nos comimos una "cancharina" fría y medio vieja, pero deliciosa.

Mi Dios es muy grande y la suerte nos acompaña, pues ya con la luz del día nos dimos cuenta de que si hubiéramos seguido la marcha hubiéramos dado con un precipicio. Decidimos cambiar de ruta y otra vez empezamos a subir montañas. Esas ya eran diferentes, con mucho matorral y rastrojo, muchos con espinas, muchos enredados; y nosotros arrástrese, cruce cercas, y el pobre Huertas abra monte.

Llevábamos caminando cuatro horas. No sé cuántas montañas cruzamos hoy, a lo mejor dos o tres, finalmente encontramos un camino que baja al valle, por donde ahora estamos. Nos dimos cuenta de que no hemos pasado Santa Ana, ¡carajo! no íbamos tan adelantados como creíamos.

    La bajada es espantosa, tal vez el desnivel es de unos 500 ó 600 metros. Y baje y baje, tratando de hacerlo por el borde del camino para no dejar huella, todo iba perfecto, hasta que nos encontramos con una casa. Después de dar vueltas alrededor y ver que por el lado del camino era imposible pasar, subimos nuevamente un poco y bordeamos la casa, pasando por sus potreros aledaños, luego encontramos un bosque. Duramos como una hora en eso de esquivar el lugar habitado hasta volver a tomar el camino. Bajamos otro poco, escuchamos unas voces y nos metimos entre los matorrales mientras pasaba un caballo con una señora y una niña. Gracias a la vitalidad propia de una niña nos enteramos de que venían. Tal vez eran los dueños de la casa, pues cuando estábamos rodeándola nos dimos cuenta de que no había nadie, ni un perro; si hubiésemos sabido, nos hubiéramos ahorrado una hora y toda esa vuelta.

    Como a los diez minutos de reanudar nuestra marcha salió un perro a ladrarnos, luego nos topamos con otra casa sobre el camino. Por eso decidimos escondernos otra vez en un matorral, y aquí estamos. Almorzamos una lata de atún y una "cancharina" para entre los tres. Me supo a gloria, qué delicia. Cuando llegue a mi casa voy a comprar muchas latas de atún. Nos hacemos muchas preguntas como cuándo llegaremos... (No me pregunto si llegaremos, pues tengo mucha fe).

Estamos muertos del cansancio, sucios, tengo tierra hasta en los calzones, pero al mismo tiempo nos sentimos felices de estar libres y saber que pronto tendremos cerca a nuestras familias. Yo hubiera pensado en tomar algún transporte público, pero eso es peligroso, por eso nos toca todo a pie, por las montañas, cautelosamente, aunque las ansias de ver a los nuestros sean muy intensas. Todo este esfuerzo, ya tres días comiendo monte, dos noches malas y varias horas de caminatas duras vale la pena.

El plan es bajar esta montaña e irse por el valle, por los potreros, tal vez bordear una falda de una montaña e irse paralelos a la carretera que va al pueblo Colombia. El susto es que no sabemos si ese pueblo tenga policía, por lo que todavía no sabemos si llegar allá o no. Si no hay policía nos tocará seguir hasta Neiva. Ya se verá. Dios mío que las cosas sigan saliendo bien.

Cada vez que vemos un río, o una quebrada, bebemos agua y envasamos nuestra botella. Tenemos un suero que me robé (o me recuperé, según el léxico de esos "los guerrilleros"). Nos puede servir para una urgencia. También pensamos en los que se quedaron, pobrecitos, allá, esperando a que el tiempo pase y los ayude. De pronto por nuestra culpa los encadenaron, ojalá no, pero seguramente sí les van a controlar la poca libertad que tienen. Aunque, por otro lado, de pronto gracias a nuestro escape y a la muerte de Ángel *Gonzalo* haga algo y agilice el proceso. ¿Qué estarán pensando ellos? Que por qué no los invitamos, pueden decir unos, tal vez otros digan que su liberación se dañó por culpa de nosotros. Huertas teme que Álex o Juan lo echen al agua con el comandante *Darío* (el "gomelo"), revelando su verdad: que es mayor retirado del ejército... Por otro lado nos da pesar con "Los tres". De pronto van a cambiar de campamento, y se les dañará su distracción de los pollitos. Nos imaginamos el susto cuando se enteraron de nuestro escape. Deben estar pensando en nosotros, y nosotros hemos pensado mucho en ellos.

Los guerrilleros, qué risa, deben estar histéricos, a la pobre monita la debieron castigar. De pronto los de arriba joden a *Gonzalo*. Sólo espero que los guerrilleros por más ardidos que estén no vayan a hacer nada con nuestras familias, espero que no. ¿Cuándo estaremos en casa? Muy pronto, sí; tenemos claro que son mejor ocho, diez o quince días jodidos que otros meses más secuestrados otra vez. ¿En dónde estaré en mi cumpleaños?

JJ contó que soñó que no éramos tres, sino cuatro personas y que ahora cree más en que Ángel está con nosotros. Parte de las razones de habernos escapado se las debemos a Ángel. Saber que dejan morir a la gente... Si esto sale bien vamos a hablar con su familia.

Saber que ya casi estamos libres nos ha hecho pensar en restaurantes, en unos huevitos fritos, en una ducha caliente, qué rico, cuánto diera por eso, ya casi, con la ayuda de Dios (¿y de Ángel?). JJ dice que si llegamos a Neiva, él llama al papá para que nos vayamos en avión. Dios mío, ojalá coronemos. Sería muy duro volver al cautiverio. No quiero ni pensar en esa posibilidad.

JJ dice que he sido una *verraca*, pero ellos dos son los verracos cargando esos costales, yo sólo tengo el agua; JJ, qué pecado, con lo goloso que es y le ha tocado aguantar hambre (bueno a nosotros igual, pero yo sé que para él es más duro) y está flaco, tiene ojeras, se le ven las costillas y además, como es tan grande le es más difícil meterse y arrastrarse por los rastrojos, las cercas y las raíces. Ojalá toda la ropa nueva, las toallas y todo lo que nos habían dado recientemente lo hereden nuestros amigos. Qué lástima no haber podido decirles nuestro plan, despedirnos de ellos, pero pensamos enviarles un mensaje radial en clave cuando lleguemos. Sólo esperamos que nos siga yendo bien, que no nos encuentren esos guerrilleros, que lleguemos sanos y salvos a la libertad y encontremos sanas y salvas a nuestras familias. Dios mío ayúdanos.

Noviembre 1

Hoy hemos estado desde que amaneció escondidos, nuevamente esperando a que anochezca.

Ayer, después de haber estado escondidos en aquel matorral, muy parecido a este, salimos como a las seis de la tarde; alistamos todo, estábamos contentos, teníamos ropita seca y nos sentíamos agradecidos de que no llovió. Ya se veía el pueblo que creíamos haber pasado, lejos. Desde ese lugar se escuchaban pasar carros, lo que nos hizo pensar que nos faltaba bajar muy poco. Continuamos la bajada, pendientes de no ser percibidos por nadie, ni por el perro, pero la casa y el perro que habíamos visto parecieron fantasmas, pues al bajar ya no los vimos. Qué extraño, la casa ya no estaba...

Bajamos y bajamos por el camino y llegamos a un corral en una finca. Ya parecía algo privado, el camino pareciera terminarse. No sabíamos por donde avanzar. Entonces volvimos a subir, tomamos otra desviación, de pronto por ese camino sí era. Pero nuevamente llegamos a una finca privada y el camino se terminaba. Nos devolvimos un poco, a ensayar si por esa finca se llegaba a algún lado. Abrimos el portón, avanzamos, pero no, había solamente cultivos. Nos devolvimos otra vez. Finalmente Huertas se fue a explorar solo y JJ y yo nos quedamos esperándolo. Yo ya estaba cansada, llevábamos dos noches de perros. Y ni siquiera habíamos comenzado... Habíamos caminado ya como dos horas sin ningún sentido.

Más tarde llegó Huertas, quien nos confirmó que la ruta era por la primera finca. Llegamos allá, atravesamos un potrero con ganado, luego abrimos un portón y nuevamente encontramos el camino. Ya no había árboles. Era una montaña pelada, árida, con muchas piedras. Bajamos, y bajamos, ya se escuchaba el río, pero nada que llegábamos. Menos mal la noche estaba clara y no nos llovió.

Seguimos bajando por el camino lleno de lodo y de piedras, que molestan mucho en las botas y hacen salir cayos y ampollas. Por fin apareció el río. Aprovechamos para beber y cargar la botella de agua. El río, que se veía tan fácil de atravesar desde las montañas, era un gran río, ancho, caudaloso y con piedras. Caminamos un rato por su ladera hasta encontrar un puente. Afortunadamente tomamos ese camino, pues por el monte no hubiéramos encontrado un puente. Qué buena suerte. Hasta ahora mi Diosito nos ha acompañado. Cruzamos el puente. Llegamos a unos potreros, con toros y vacas, muy bonitos; caminamos hasta que encontramos la tan buscada carretera, en donde paramos a descansar; estar ahí es peligroso, pasa mucha gente.

Disfrutamos ese triunfo. El río y la carretera, por fin, después de cuatro días de monte, qué emoción.

Sólo nos faltaba atravesar el pueblo, obviamente por zonas despobladas. Decidimos continuar. La carretera nos daba miedo, así que preferimos caminar por los potreros vecinos. Pero nos desesperamos de tanto potrero, tanta pasadera de cercas y desvíos innecesarios y tomamos cautelosamente la carretera por la orilla. Cuando aparecían casas, nos metíamos en el potrero de enfrente. Llegamos a un potrero que luego se volvió un cultivo de plátano (yo pensé que eran bananos y me emocioné, pues ya el hambre era dura y Huertas nos había dicho que por los potreros de pronto encontrábamos frutas, pero no hemos visto ninguna hasta el momento). Luego vimos cultivos de caña, nos perdimos en medio de todos esos matorrales, hasta que finalmente volvimos a la carretera. Ya cansados de pasar cercas, y en vista de que no pasaba ningún carro, decidimos tomar la carretera, sin esquivar las casas. Ya era más tarde y había mucho menos flujo de personas.

Por fin vimos el pueblo. Todos estábamos agotados, pero JJ más. Le dolía el estómago desde que bebió el agua del río, pero no nos había dicho nada. Nos metimos a unos potreros para atravesar el pueblo sin ser vistos. Paramos a descansar porque JJ estaba enfermo, yo creo que del hambre, pobrecito. Sacamos unas galletas y cada uno se comió un paquete. Huertas dijo que no se movía hasta que JJ estuviera bien. El pobre le pedía cinco minutos, luego una hora, y después insistía en continuar. Huertas y yo le decíamos que primero está la salud, que tampoco había que flagelarse, que buscáramos en dónde dormir. JJ vomitó, pura agua, y seguía insistiendo para que pasáramos el pueblo.

Finalmente arrancamos, con ese cansancio, a media noche. Pasamos potreros, pasamos fincas, pasamos cultivos, pasamos matorrales. Tomamos un camino que nos llevó a la última casa del pueblo, pero no había salida, tuvimos que devolvernos y pasar otro potrero. Por fin decidimos buscar dónde dormir, pero preciso llegamos a unas montañas despejadas, a unos caminos inclinados sin árboles ni lugar en donde estar seguros. Ya tan cansados qué nos íbamos a devolver a buscar algo. Decidimos dormir allí y salir antes del amanecer. Extendimos nuestro plástico sobre pequeñas matitas, nos alistamos para dormir a la intemperie, rezando para que no lloviera.

Habíamos caminado seis horas. De razón el cansancio, eso sumando las diez horas que caminamos en el día... Yo iba a poner el toldillo encima de nosotros, sin templarlo, pues allí no había ningún árbol, Huertas me dijo, con su manera poco delicada y regañona, que no lo hiciera, y se armó la pelea. JJ estaba enfermo y agotado, se enfureció más de la cuenta y comenzó a decirle a Huertas que no me tratara mal. Huertas le decía que esto no era un paseo, que era un escape, y JJ le decía que era mejor que siguiéramos cada uno aparte. Yo traté de calmarlos un poco, que mejor durmamos, que nos quedan pocas horas de sueño, que lo que pasa es que estamos agotados; y bueno, nos acostamos a dormir, más cómodos que siempre, pero menos protegidos. JJ estaba muerto, con toda la razón, pues en las dos noches anteriores no había dormido ni un minuto, y obvio, quedó como una piedra, pudo descansar. Yo también dormí bien, pero Huertas no mucho porque estaba preocupado de que amaneciera y alguien nos viera. Llovió un rato y tocó pararse a sacar unos plásticos para ponernos encima, en forma de cobija. Huertas se paró, conectó su antenita para escuchar la radio y dijeron que eran las 4 y 30 de la mañana. Ya era muy tarde pues los campesinos madrugan mucho y nos podían ver por ahí, entonces nos paramos y nos alistamos lo más rápido que pudimos. Gran levantada, a doblar plásticos, a ponernos la ropa, que estaba mojada, ¡y a correr!

Subimos el camino, se veía una casa, tratamos de pasarla agachados, lo más rápido que pudimos, pero alguien nos vio y nos comenzaron a silbar, ¡qué susto! Comenzamos a correr, afortunadamente no nos persiguieron, pero quien nos vio sabía que éramos tres. Huertas fue quien más se asustó, pues creía que nos iban a disparar, él casi volaba y nosotros persiguiéndolo a toda velocidad.

Nuevamente llegamos a la carretera, caminamos lo más rápido posible antes de que amaneciera y luego ingresamos como de costumbre a escondernos en un matorral. Y aquí estamos, llevamos todo el día sentados, ha llovido, pero ahora hace un sol intenso, estamos asados, aunque estamos aprovechando para secar botas, medias, ropa, billetes, calzones, etcétera. Hoy desayunamos una "cancharina" entre los tres, y de almuerzo un atún y una "cancharina", también entre los tres. JJ sólo piensa en comida, qué pecado.

Seguimos pensando en el momento en que lleguemos: habrá una cama deliciosa, un baño caliente, comida, estaremos limpiecitos. Huertas va a estrenar su jacuzzi, que lo tiene hace tiempos y nunca lo ha usado. Yo apenas llegue quiero ir a un salón de belleza, estoy cansada de estar fea, uñas limpias, pelo limpio y liso, me voy a hacer la depilación con cera. Dios mío, ¿cuándo estaremos allá? Mis papás, mi hermana, ¡qué verraquera! La familia, eso es lo que nos mueve a caminar, a arrastrarnos, a aguantar sueño y hambre. Rogamos para que en Colombia, Huila, haya policía. Esperamos que sí. Ojalá esta noche no llueva.

Nada que aparecen árboles con frutos comestibles, carajo. Comida queda, pero no sabemos cuánto falta y hay que reservar. Deben quedar unas cinco "cancharinas", veinte paqueticos de galletas, dos tarros de atún, un pedazo de panela y varios dulces, los cuales nos han calmado mucho el hambre. Nuestros estómagos todo el día protestan, *croac*, *croac*, pero hay que ahorrar el alimento.

Estamos en una montaña, desde acá se puede divisar un poco la carretera. La hemos observado todo el día y no pasan casi carros. Pasan unos camperos rojos, de cabina blanca. No sabemos si son los mismos que vimos el día que tomamos gaseosas (la última gaseosa que nos tomamos... se me hace agua la boca) cuando *Gonzalo* nos llevaba a "Los Cauchos". ¿Nos estarán buscando esos carros a nosotros? ¿Serán una especie de taxi entre veredas? También pasan varios a caballo, campesinos, una moto, ¿milicianos? A la madrugada pasó un señor en camiseta trotando, ¿será el médico del pueblo?

Ya no aguanto más aventuras, cuando llegue me voy a dedicar a mi hogar, ya las aventuras quedaron atrás. Dios mío, ayúdanos hoy y todos los días que faltan para llegar a casa.

Noviembre 2

Otro día de matorrales, estamos aquí en una "Y" (cruce de caminos) escondidos.

Ayer salimos del monte como a las seis y media de la tarde, a caminar por la carretera. Pero todavía era hora de alto tránsito, y tres veces nos tocó botarnos a la orilla de la carretera y rodarnos debajo de la cerca porque venían carros. Huertas durmió, JJ y yo no. Salimos justo cuando la luna había comenzado a alumbrar. Empezamos a caminar, atajamos la carretera por un potrero inclinado, la tomamos nuevamente. Llegamos otra vez al río que ya habíamos atravesado. Subimos varias montañas después del río, los talones ya nos dolían. De vez en cuando tomábamos un pequeño sorbo de agua, y a caminar otra vez. Ya se nos estaba acabando el agua, tocaba buscar un río o una quebrada para envasar la botella, pero todo estaba seco. Por fin encontramos uno, tomamos bastante, llenamos la botella y seguimos. No habíamos comido nada, desde el atún del medio día, mi estómago bramaba. Paramos y cada uno mordió un pedazo de panela. Eso nos daría energías para continuar, y realmente ayudó mucho.

La carretera ya estaba sola, nadie pasaba por allí. Atravesamos un pequeño caserío, todavía con sus luces encendidas. Pasamos tratando de hacer el menor ruido posible, pero esos benditos perros detectan todo y no hacen más que ladrar. Qué miedo, no corrimos pero caminamos muy rápido. De cuando en cuando lloviznaba, ya estábamos mojados. Mis talones ya dolían, cuando de pronto apareció la "Y". No sabíamos por dónde seguir. Los dos caminos estaban igual de anchos. Decidimos esperar hasta hoy, esperar la chiva (transporte público local) y ver qué camino tomaba. Bendito Dios, pues ya estábamos agotados y casi sin dormir.

Huertas se fue a mirar si en los matorrales se podía dormir y encontró una cama perfecta. Bendito Dios nuevamente. Luego comenzó a aumentar la lluvia; mejor dicho, paramos en el momento perfecto y en el lugar perfecto. Comenzamos a abrir plásticos, a cuadrar la "casa" templando bien los plásticos con las cuerdas, a quitarnos la ropa mojada, ponernos nuestros overoles mágicos y a dormir, qué delicia. Llovía, pero los plásticos estaban bien organizados. Pudimos dormir mejor. Las cobijas se mojaron un poco, el agua entró por la ranura que unía los dos plásticos del techo. Nos apeñuscamos bien entre los tres. Amaneció y no tuvimos que pararnos, qué delicia, llevamos todo el día aquí en esta cama, pereceando, durmiendo a ratos, esperando nuevamente la noche.

La noche estuvo dura, hubo vientos fuertes y una lluvia terrible. Pero gracias a los dos plásticos y al lugar que escogimos rodeado de árboles, no la sentimos tan brava. A la madrugada pasó la chiva. ¡Y sí! El camino es por abajo, como Huertas lo intuía, ya quedó confirmado. A las diez de la mañana desayunamos unas galletas, y ahora a las tres almorzamos boronas de "cancharinas" que estaban mohoseadas y un dulce. Atún no sacamos, pues no sabemos cuántos días nos falten. Ojalá el moho no haga daño…

¿Cuánto nos faltará? Huertas dice dizque tres días. Ojalá nos rinda. Anoche sólo caminamos como tres horas, vamos a ver hoy qué pasa. Ni siquiera sabemos a cuántos kilómetros estará ese pueblo. Huertas (sin contarles nuestros planes) había hablado mucho con "los tres", quienes conocen mucho la geografía de la zona. Ellos le dijeron que más o menos hay dos horas por la carretera (en carro) entre Santa Ana y Colombia, pero en kilómetros, ni idea. Pero yo calculo: dos horas de carro, a 40 Km/h son 80 km.

Nuestro paso debe ser de 4 Km/h, por lo que llegaríamos en veinte horas, y ya llevamos como cuatro. Nos faltan 16 horas de camino. O sea más o menos tres noches, de cinco horas cada una. Qué horror, ojalá sea más cerca. No hay nada que hacer, ya pasamos lo más grave. Lo más duro era el monte, ya una carretera es más fácil, aunque esas piedritas le matan a uno los talones, pero bueno, ya no hay que arrastrarse ni abrir monte, sino solamente caminar y estar alertas por si viene un carro o un caballo, o gente, o ladra un perro, pero no más. Ojalá esta noche sea benévola con nosotros.

Mañana cumplo años, yo pensé que de pronto llegábamos mañana, pero ya vi que no. Tal vez el domingo o el lunes (hoy es viernes). Bueno, fortaleza y paciencia. A veces me imagino cómo será la llegada: a la policía ¿y luego qué? ¿Una flota a Neiva? ¿O a Ibagué? ¿Un helicóptero? ¿Y si no hay policía qué? Ni idea. No veo el momento de la llamada a la familia. ¿Qué dirán? Que muchos locos, ¿será que nos regañan? Sólo espero que lleguemos bien, sanos, con hambre, pero sanos. Y aquí estos árboles no tienen ni una fruta. Ojalá más abajo nos encontremos un árbol de naranjas, como las que comíamos sin parar en la casa de Polo.

Las cuentas de JJ y Huertas son más positivas, cosa que me anima. Huertas dice que de Cunday a Villa Rica también hay dos horas en carro, y que son sólo 35 Km, entonces que aquí debe ser lo mismo, y que de pronto llegamos hoy o mañana. Vamos a ver, ojalá, a ver si se cumple que mi cumpleaños sea a salvo, por lo menos va a ser con libertad ¿no?

Esas "cancharinas" estaban feas pero se llenó el estómago. Ya por la noche será comer panela para coger energías. Por aquí estamos más tranquilos, pues estamos lejos, lejos de donde nos escapamos, y no creo que nos estén buscando por aquí, aunque tampoco hay que confiarse. Huertas dice que esta área ya no es influencia del Frente 25 de las FARC, pero que le da susto que nos encuentren milicianos.

Ahora pasó en moto un señor con buena chaqueta, buen sombrero, buenos zapatos, es decir, no es un campesino. Tal vez es un dueño de finca. Eso me da tranquilidad, pues significa que los guerrilleros no lo han espantado. Buena cosa, ¿no?

Dios mío ayúdanos como lo has venido haciendo. Todos los días nos hemos dado cuenta de Tu ayuda, por los caminos que tomamos, por donde hemos dormido, porque no nos han visto, porque hemos estado bien de salud, porque hemos avanzado bastante, porque conservamos el ánimo y la fortaleza, porque nos queda comida, por tantas cosas…

Noviembre 3

Hoy es mi cumpleaños, un poco diferente a los demás, un poco aburrido, pero con esperanzas. Y nada que llegamos. Posiblemente hoy, posiblemente mañana, no se sabe.

Ayer salimos a las seis de la tarde a caminar por la carretera de abajo, según nos había dicho la intuición, y los buses que debían venir de Colombia. Huertas nos decía que ya solamente faltaba bajar, pues Colombia es un pueblo caliente, y que no iba a ser tan dura la cosa.

Bajamos un rato. Llegamos a un río encañonado, grande, caudaloso y hermoso. Cruzamos un puente. Caminamos por el cañón, también grande, lleno de montañas. Desde que atravesamos el río comenzamos a subir; llegábamos a una cima y pensábamos que ya debía venir la bajada. Pero nada, avanzábamos y seguíamos subiendo y la bajada nunca llegaba. Qué raro. Entre una y otra subida parábamos a descansar, tomábamos un pequeño sorbo de agua y arrancábamos otra vez.

Paramos a tomar agua y a morder panela. Seguimos subiendo por ese cañón desolado, no había ni un alma, a duras penas una que otra lucecita. Al principio esa carretera estaba muy oscura, la luna sólo salió hasta las nueve, es decir, caminamos tres horas a oscuras. Más tarde encontramos otra casa. Tocó esquivarla por un potrero, pues se veía gente afuera. El agua ya se nos estaba acabando, buscábamos quebradas y todas las encontrábamos con agua sucia y embarrada.

Llegamos a un caserío. Nos tocó escondernos allí y esperar a que la gente se acostara a dormir y apagara las luces. Eran como las 11 de la noche. Paramos al borde de una carretera, debajo de unos árboles. En una de esas Huertas dijo: "viene gente". Nos pasamos la cerca de la carretera lo más rápido posible, pero las chaquetas se enredaron en la cerca e hicieron ruido, y Huertas embutiendo por la cerca su costal, y yo ahí trabada. Finalmente pasamos y los caminantes no se dieron cuenta. Huertas nos regañó. Que no nos desesperáramos, que nos hubieran podido ver. Huertas o se la pasa bravo o habla como si estuviera bravo todo el tiempo, todavía no sé, aunque le veo la razón, pues el estrés es grande y él se siente responsable por nosotros. Nos regaña porque cuando él dice "paren", tenemos que parar inmediatamente. Y cuando le hacemos caso nos regaña porque vamos muy lejos de él. Él va adelante y JJ y yo atrás. Pero no hemos podido calibrar cuál es la distancia perfecta, y por eso nos regaña. Todas las noches cuando cuadramos la cama y los plásticos, también es una regañadera... Ya recordaremos esto con risa. Huertas parece un sargento y JJ y yo los pobres soldaditos oprimidos.

Tratamos de dormir pero estaba haciendo mucho frío. Esperamos como una hora. Allí había un pequeño charco, cargamos la botella de agua y luego, aunque cansados, continuamos. Llegamos a pensar si ese caserío sería Colombia, pero no, era muy pequeño y el pueblo que buscábamos debía quedar al lado de un río. Había un letrero que decía: "centro de estudios meteorológicos. Altura del sitio: 800 metros, temperatura: 23° C, CORFITOLIMA". Le dije a Huertas que ese letrero me parecía muy raro, ¿por qué CORFITOLIMA, si supuestamente estábamos en el Huila?

Seguimos el ascenso, y más montañas de para arriba, la bajada nada que se divisaba. Huertas decía que de pronto era por otra carretera, pero nunca encontramos una desviación importante. Finalmente decidimos parar y buscar en dónde dormir, pero seguimos subiendo un rato, pues no se veía ningún potrero plano y ya no aguantábamos otra dormida escurriéndonos. Atravesamos una cerca en una montaña, al lado de un río y buscamos una parte plana. Acomodamos los plásticos, las cobijas, nos pusimos los overoles, nos comimos cada uno un paquete de galletas y a dormir.

Por la noche me dio frío y a veces me incomodaba el suelo, pues tenía turupes y huecos, pero pude dormir. Hoy amanecimos descansados, JJ y Huertas se despertaron primero, yo me quedé disfrutando mi cama, con cobija para mí sola, pegada a mi cara, pues por la noche estos dos halaban la cobija para su lado y quedaba tan templada que todo el frío se me entraba a mí por el centro. A las seis y media me levanté, quitamos plásticos y nos fuimos a bañar al río. ¡Qué delicia! Primero fue Huertas, luego llegué yo, JJ casi no va, se puso bravo porque yo no le empaqué para el escape otros calzoncillos, qué pecado, yo pensé que sí tenía. Lavamos la ropa que llevábamos puesta, a punta de piedra y sin jabón. Qué agua tan sabrosa, la temperatura ideal, tibiecita. Llegó JJ, se comenzó a bañar en bola lavando sus calzoncillos para volvérselos a poner. Yo me bañé en cucos y *brasieres*, le ayudé a lavar ropa a JJ y me quedé sin ropa, esperando a secarme, pues toalla no hay. Parecíamos Adán y Eva en el paraíso.

Este sí es un regalo de cumpleaños, qué delicia, no hay afán, vamos a disfrutar este río y a quedar limpios y frescos, a poner a secar nuestra ropa, y luego a esperar la noche para poder partir, ya debemos estar por llegar. Me quité los *brasieres* para lavarlos, cuando en esas llegó Huertas a decirnos que nos vistiéramos urgente, que nos teníamos que ir. ¡Qué susto! ¿Qué habrá pasado? Corrimos a ponernos toda la ropa mojada, recién lavada, siendo que el plan era quedarse un rato ahí asoleándose, esperando la noche...

Huertas nos contó que se le había acercado un campesino, que él le dijo que estábamos ahí esperando reparar un carro varado (que no se veía por ningún lado, ¿se creería el cuento?) y que íbamos para el pueblo de Colombia. El campesino le dijo que estábamos por el camino equivocado, ¡que estábamos a una hora de Dolores! Dios mío, ¡íbamos directo a la boca del lobo! Ese pueblo no tiene policía y es donde se la pasan todos los guerrilleros del Frente 25 de las FARC. ¡Qué pánico! ¡Qué desánimo! Huertas le preguntó cómo llegar a Colombia y el hombre le dio ciertas explicaciones. Que para no devolverse tanto podríamos tomar un camino real, que ya no se usa.

Salimos corriendo por susto a que el hombre le avisara a un miliciano. Nos vio mucha gente por haber tenido que salir de día. Nos metimos por una trocha para tomar el camino real y nos vio una señora. Decidimos volver a preguntar, ella llamó al marido. Cuatro chiquitos observaban la conversación. El señor nos explicó la ruta y dijo que el pueblo quedaba a pie a unas cuatro o cinco horas. La señora me decía que pobrecita, que por qué caminaba tanto, que mejor tomara un bus que nos llevara a San Marcos y luego otro que nos llevara a Colombia (¡a San Marcos! ¡Es decir que en la "Y" tomamos el cmino equivocado! Toda la noche desperdiciada, siete horas de caminata perdidas).

Con esa noticia, lo único que nos animaba era que nos faltaban sólo cuatro horas. Comenzamos a buscar el camino real, aparecían una cantidad de casas por todos lados, entonces buscábamos en dónde escondernos. Nos tocó saludar a un campesino dueño de casa, y luego a un señor a caballo. Finalmente, nos escondimos en esta parte tan fea: piso mojado, pequeñito, empinado, bajando un barranco y cerca de una casa. Son como las cuatro de la tarde y estamos aquí desde las diez. Terrible. No hemos hecho nada a parte de esperar a que la ropa se seque. ¡Qué hambre!

Ahora estamos esperando la noche. Si no hubiera peligro, estaríamos hoy en Colombia, el problema es que no sabemos si lo hay; yo creo que no, ese camino no es muy transitado, pero no se sabe. Huertas dice que de pronto esos que nos vieron pueden avisar a un miliciano, y pueden esperarnos en el camino. También dice que de pronto no es bueno parar en Colombia, sino seguir. Es decir, dos o tres días más de travesía. Ojalá esta cruz termine pronto, y bien. Hoy tenemos un poco de desánimo por el tiempo perdido, y desconfianza por tanto campesino que nos encontramos, hemos pensado en las ventajas y las desventajas. A favor: que ésta no es área tan guerrillera, de lo contrario cuando nos tenían secuestrados nos hubieran pasado por esta carretera para llegar a Santa Ana, en lugar de habernos puesto a caminar; que estas montañas están peladas y los guerrilleros no se pueden esconder; que acá hay muchas casas y fincas pequeñas, no hay dinero y por lo tanto no hay guerrilla cerca. En contra: el temor, Dolores es un pueblo de dominio guerrillero, no sabemos si alguno de estos campesinos sea un colaborador y avise que vio a tres sujetos sospechosos, pues ellos tienen el trabajo de avisar cuando ven gente extraña.

De pronto haberse equivocado de camino fue benéfico, de pronto el señor que se le apareció a Huertas fue un ángel enviado de Dios que nos advirtió nuestro error, no sabemos.

Dios mío, ayúdanos a que esta noche nos vaya bien y a que lleguemos pronto. Ya estamos acostumbrados a aguantar hambre y no nos hemos debilitado, aunque sí hemos adelgazado. JJ debe estar por debajo de los 80 Kg, quién lo creyera, después de pesar más de 100. Desde que no falte el agua... JJ dice que aguantar hambre es muy duro y que de ahora en adelante va a cargar sánduches en su carro para regalarle a la gente de la calle.

No hemos dormido mucho, pero la ilusión nos mantiene fuertes. Hemos resistido muy bien las caminatas, a parte de las ampollas de las plantas de los pies. Mil y mil veces agradezco el entrenamiento que tuvimos en el páramo, que entre otras cosas lo hicimos para un eventual escape.

El atún me supo a gloria, qué manjar tan exquisito. Del hambre me imagino comida, cómo será que mi imaginación se resigna al arroz guerrillero, a la colada, la "cancharina" y a toda esa basura que nos daban. También me imagino qué será lo que me voy a comer cuando salgamos de este enredo.

Noviembre 4

Ya casi, ya casi, creo que hoy sí llegamos. Y muy pronto si todo sale bien. Estamos a una hora de Colombia cerca al río, dentro del toldillo, esperando a que sean las cinco de la tarde, a que baje el sol y a que no haya tanto tráfico por la carretera. Dios mío, qué odisea, ayúdanos a que termine bien, aunque hasta ahora todo ha salido bien gracias a Ti.

Creo que hoy fue el día más duro, pues las cuatro horas de camino se volvieron ocho, y nos falta una...

Anoche comenzó la aventura cuando salimos de ese monte a las seis de la tarde, cuando ya se estaba oscureciendo. No había salido la luna y casi no podíamos ver, además había casas y perros ladrando. Tocaba buscar el camino real, y dábamos vueltas por esas casas, y los perros jodiendo; teníamos angustia de que la gente saliera con escopetas pensando que éramos ladrones, y todo oscuro... Decidimos parar y nos recostamos en unas piedras, esperando a que saliera la luna y se apagaran las luces de esas casas. Tratamos de dormir, pues la noche parecía ser larga, aunque con ese frío fue difícil ¡Un día perdido!

Por fin salió la luna y comenzamos a subir una montaña, parecía el camino, pues tenía huellas de herradura que en una parte se desaparecieron. Tomamos otro camino más pequeño y, en el tope de una montaña, decidimos dormir. Eran como las 11 y 30 de la noche. El lugar estaba plano, pero había piedritas que nos marcaban el cuerpo. Hoy me duele el huesito de la cadera por eso. Dormimos a la luz de la luna, un poco más cómodos, pues decidimos poner las dos cobijas que tenemos de manera horizontal, a pesar de que se salieran los pies.

Hoy amaneció y casi no nos damos cuenta. Estábamos demasiado cansados. Estábamos en un lugar muy vistoso, en una colina frente a todas las casas que debimos esquivar ayer. Nos habían dicho que Colombia quedaba detrás del filo de una montaña que se divisaba desde allí; por ese caminito fuimos cogiendo en esa dirección. A veces el camino se desaparecía, pero atravesando matas y monte lo volvíamos a encontrar. Y el bendito filo que se veía cerca, nada que aparecía. Antes del filo aparecían montañitas onduladas que alargaban la distancia y nos hacían perder tiempo. Perdimos el rastro de nuevo y se apareció un angelito, un señor con un caballo que se divisaba a lo lejos, andando por el camino; así lo volvimos a tomar.

Pasamos una finca ganadera, varios matorrales y el filo apareció ante nosotros, pero había un precipicio enorme. Nos tocó seguir subiendo para evitar ese hueco, ¡hasta que por fin! Primera corona, primera meta: el filo. Me imaginé que al bordear ese lugar estaría el pueblo, si no cerca, por lo menos se divisaría. Pero no, aparecieron más montañas, muchas.

Marchamos durante unas tres horas y concluimos que sólo nos faltaría bajar. La bajada estuvo muy fuerte. El paisaje cambió. Se volvió árido con matorrales secos y piedras gigantes. Parecía otro planeta, con piedras enormes y rojizas, hermoso. Esa tierra árida calentaba los pies y hacía que los callos y las ampollas se volvieran más dolorosas, también calentaba todo el cuerpo, el sol comenzó a ponerse fuerte, ¡qué cansancio! Ya había mosquitos de clima caliente que comenzaron a picarme todos los brazos, qué molestia. Me sentía en un desierto. Sólo llevábamos en la barriga unas galletas del desayuno y un mordisco de panela.

Bajando divisamos el río, se veía bien abajo, pero era una esperanza. Decidimos empezar a botar cosas de los costales que ya no nos servían. Dejamos abandonadas las cobijas y las chaquetas. Las botó JJ bien lejos, diciendo: "adiós 'hijueputas' cobijas, adiós 'hijueputas' chaquetas". De vez en cuando parábamos a descansar, pero yo no quería pues esos mosquitos comenzaban a picar como sabiendo que otra presa demoraría mucho tiempo en pasar.

Más tarde comenzamos a divisar casitas abandonadas en el paisaje, solitarias, ranchitos. Tomamos esa dirección; al fin y al cabo de esas casas tendrán que ir personas al río y al pueblo. Encontramos una casa. Gritamos para que saliera alguien, pero nadie apareció. Bajamos y encontramos otra casa, ahí sí vimos gente. Gritamos, pero no salían ¿Será pereza? ¿Miedo? ¿Les dará rabia que uno se meta en sus casas? Huertas entró y preguntó por el pueblo. Le dijeron que había un puente de hamaca, que quedaba aproximadamente a 15 minutos. Ese atravesaba el río, llegaba a la tan famosa carretera que nos llevaría a Colombia, en una hora a pie ¡Qué emoción! ¡Sólo faltaba buscar el camino al puente y listo! Nos indicaron que el puente se tomaba por las casas, una indicación poco exacta. Quien habló con Huertas fue una señora con varios niños, nunca salieron de su casa tal vez por susto, los tiempos han cambiado y los campesinos son diferentes.

Encontramos otra casa y volvimos a preguntar. JJ también preguntó si en Colombia había policía. El señor le contestó que hasta cuando él había ido, pues sí. JJ se asustó. Le preguntó cuándo había ido, se imaginó que hace años, pero el señor le dijo que hacía ocho días ¡Entonces sí hay policía! Qué alivio, ya vamos más tranquilos.

Nos metimos por matorrales, cercas y barriales, hasta que llegamos a la orilla del río, pero no había ningún puente. Devolverse era largo, entonces estos dos decían que pasáramos el río nadando. Nos fuimos por las piedras a ver por dónde podíamos pasar nadando. Antes de aventurarnos comimos, había comida de sobra, abrimos el atún que quedaba, que me supo a gloria y galletas. Nos tomamos el suero robado, sabía horrible, pero Huertas nos obligó a tomarlo y botamos al río cosas que ya sobraban, ropa interior, mi blusa, la camiseta de JJ, todo lo que ya no íbamos a necesitar. Decidimos seguir buscando el puente, aunque JJ quería nadar, pero Huertas y yo le decíamos que dejara el afán, que ya íbamos a llegar. Yo no quería nadar porque en el costal iban estos cuadernos y se me mojaban mis escritos.

Para no devolvernos nos fuimos por la orilla del río, atravesando cercas, cultivos y barriales. En el sitio menos esperado encontramos árboles con maracuyás. Comimos algunos, por fin una fruta, aunque ya para qué. Esos 15 minutos de los campesinos se volvieron como una hora, y las cuatro horas del camino real se convirtieron en ocho. Encontramos otra casa, JJ preguntó, seguimos un camino con huellas de herradura, y caminamos hasta que por fin encontramos el bendito puente ¡Otra corona!

Un campesino que iba a caballo nos dijo que el pueblo era a una hora larga. Cruzamos el puente, llegamos a la carretera y aquí estamos escondidos en unos matorrales. Esto está muy caliente, muy húmedo, lleno de mosquitos. Nos metimos dentro del toldillo pero no todos cabemos, entonces JJ se hizo afuera, un poco bravo porque lo regañamos cuando se estaba tratando de meter, pues por ser tan grande lo único que hacía era dejar entrar zancudos.

JJ quiere irse ya. Ya le comenzó el afán y sólo quiere llegar. Huertas dice que hay que esperar, pues escuchamos pasar muchos carros. JJ se fue al río, se bañó, y llegó más tranquilo. Ya está relajado y como nuevo y dice que eso era lo que le faltaba. Huertas y yo no quisimos bajar al río. Yo ya no quiero estar limpia, ni bañarme, sólo quiero llegar.

Capítulo 8

La libertad

Noviembre 4, por la tarde

Ya estamos en la carretera, ya casi llegamos al pueblo, pensamos que es imposible que pase algo allá después de tanto esfuerzo. Faltará por ahí una hora y el pensar que ya vamos a llegar nos hace brotar todo el cansancio. Yo ya no quiero casi ni caminar, los pies me duelen mucho, a cada rato me retraso, me pesa mi cuerpo, las ampollas y los cayos me duelen mucho, entonces Huertas me deja pasar y me dice que lleve el paso. Pero se aburren de mi lentitud y me vuelven a adelantar.

Comenzamos a ver postes, y más tarde, casas ¡Llegamos! A lo lejos se divisa una antena. No sabemos qué hacer, tomar un taxi o un expreso a Neiva, o buscar la estación de policía. Lo discutimos, decidimos no arriesgarnos y llegar de una vez a la policía. Entramos al pueblo, la gente nos miraba como lo que éramos, unos intrusos.

JJ y Huertas estaban muy ansiosos y comenzaron a acelerar el paso. Yo, por el contrario, tenía agotadas mis energías, todo el cansancio acumulado había aflorado en ese momento, quería caminar ese tramo despacio, sin afán, al fin y al cabo ya habíamos llegado.

La gente que nos veía pasar decía: "ahí vienen los gringos", tal vez por la pinta de JJ. Qué sorpresa, yo creí llegar a un pueblo grande, de calles pavimentadas, con mucho movimiento, pero me encontré con un pueblo árido, "tranquilo", más bien silencioso, de poco ajetreo y de aspecto pobre. La plaza central estaba destrozada, también la iglesia, la caja agraria y otras construcciones que no se sabe qué son ¿Estaría también la estación de policía destruida? No creo, pues todas las personas a las que les preguntamos sobre la estación nos dieron respuesta.

¡Por fin vimos la estación! ¡Y a un policía! Se me salieron las lágrimas. Nos dirigimos a él, le dijimos que habíamos estado secuestrados y nos habíamos escapado y nos dirigimos a la estación, ya a pocos pasos. JJ tocó el muro de la estación y se puso a llorar. Huertas, típico de él, decía: "¿pero por qué lloran?"

El policía llamó al sargento Vela y nos hicieron entrar. Volvimos a explicar nuestra historia. Yo seguía llorando, no lo podía creer. El sargento no nos creyó y nos requisó los pocos paquetes que nos quedaban. Poco a poco fue entendiendo, nos preguntaron nuestros datos, les contamos muy poco.

JJ estaba muy resentido y cada vez que le hablaba a los policías de los guerrilleros se refería a esos "hijueputas".

Le pedimos al sargento y a los policías que manejaran nuestra situación lo más prudentemente posible, que el menor número posible de personas se enterara de nuestra libertad, excepto nuestras familias. Un niño, el hijo del sargento, se encontraba en la estación y le encargamos todos nuestros antojos reprimidos: Gatorade, gaseosa, panes, mermelada, galletas, papas, y bueno, todo lo que pudiera traer.

Había una gente en una sala de televisión, eran varios policías en descanso, familia de ellos y tal vez uno que otro amigo. En esa sala nos quedamos comiendo y hablando con los policías, mientras los otros hacían su trabajo con respecto a nosotros.

Yo lo primero que quería hacer era hablar con mis papás, pero ese pueblo no tiene comunicación, pues hace un tiempo, en una toma frustrada de la guerrilla, volaron Telecom (iban a volar la estación de policía y volaron la iglesia y Telecom, todo menos su objetivo). Entonces la policía sólo se comunica a Neiva a través de radio, y de allí se comunican a Bogotá.

Nos informaron que ya habían hablado con nuestras familias, lo que me hizo sentir muy contenta. Ya estábamos más tranquilos, viendo televisión, comiendo galletas y toda esa basura que nos supo a gloria. Más tarde el sargento nos llevó a comer, salimos a la calle con un poco de nervios, y parece que el sargento también, pues salimos escoltados y con mucha precaución. Nos contó que por ese pueblo a veces pasan los guerrilleros, por eso casi nadie sale por la noche, y menos los policías. Dijo que por seguridad sólo dos restaurantes les venden comida a ellos. A uno de esos nos dirigimos a comer todo lo que extrañamos. Nos dieron una sopa deliciosa y un seco exquisito con carne, arroz, huevo frito, tajadas de plátano frito y fríjoles. Pero qué lástima, mi estómago estaba pequeño y no me cupo casi nada. El sargento nos contó su historia en el ejército, que estuvo en la marina manejando barcos y que su vida la ha dedicado al servicio militar. Vi a un hombre dedicado a su trabajo, honrado, serio. Me cayó muy bien el sargento.

Nos llevaron al médico (un gordito joven y simpático) pues por ley nos debían revisar. Me preguntó la fecha de nacimiento y se dio cuenta de que el día anterior había cumplido años. Me contó que él había escuchado varios mensajes de felicitación para mí y que él siempre escuchaba los mensajes para los secuestrados.

Llegamos nuevamente a la estación, nos mostraron donde íbamos a dormir: un cuarto para los tres donde había varios camarotes con su respectivo colchón. Nos bañamos y nos refrescamos. Nos pusimos los overoles, que estaban limpios.

JJ se quedó viendo una película por televisión, yo me acosté a dormir. Pensé en mis papás, en que ya todo estaba terminando, le di mil veces gracias a Dios, y ahí quedé, dominada por el cansancio.

Noviembre 5

"Despiértense que nos vamos", nos levantaron con un tono duro, brusco, afanoso. Eran las voces de *Norbei* y sus amigos, y entre sueños, me asusté. A JJ le pasó lo mismo. Nos sentimos todavía secuestrados, manejados por órdenes que debemos obedecer inmediatamente.

Cuando nos despertamos bien entendimos que ahí estaban unos policías no uniformados, que no conocimos la noche anterior y que nos debían despertar para dirigirnos hacia Neiva. Salimos sin bañarnos. En la calle nos dieron de comer papaya. Me pusieron un chaleco antibalas y un coronel llegó por nosotros junto con otros policías, nos tomaron fotos, nos despedimos y le agradecimos al sargento Vela que tan bien se había portado. Nos montaron en una Toyota burbuja blindada.

El operativo fue muy grande: un carro de policías vestidos de civil adelante, otro carro de militares contraguerrilla y varios policías por la carretera. Nos dicen que ochenta. Increíble que todo eso fuera por nosotros.

Paramos en Baraya, un pueblo por la ruta, en otra estación de policía. Nos dieron tinto con cucas y proseguimos el camino. Finalmente llegamos a Neiva, entramos a la estación de policía, ¡y preciso lo que no queríamos! ¡Periodistas por todos lados! Le habíamos pedido discreción al sargento, pero no hicieron caso. Yo me resigné pero Huertas se puso a pelear con los periodistas y a advertirles que si lo sacaban al aire los denunciaba. Se dañó nuestro plan de dejarles a los guerrilleros la incertidumbre de saber si habíamos coronado.

Estuvimos un rato en la elegante oficina del coronel Correa, acompañados de periodistas, quienes nos tomaban fotos y nos filmaban. De allí finalmente pude hablar con mi mamá y mi hermana. Ellas me contaron que venía en camino mi papá por nosotros. Fuimos a desayunar, luego nos pasaron a una sala, en donde cada uno por aparte dio declaraciones a la autoridad. Que en dónde nos tenían, información sobre los guerrilleros, descripciones, nombres de nuestros compañeros y nuestros datos personales.

Al rato llegó la familia de Huertas, su mamá, el hermano y la esposa. Hablamos con ellos. Nos contaron que por nosotros pedían ¡8.000, 3.000 y 5.000 millones de pesos! Yo era la más barata ¡Nunca íbamos a salir! ¡Menos mal nos escapamos!

Los periodistas seguían acosando. Una llamada telefónica me pedía hablar con mi abuelita, pero al aire, por lo que me negué.

Huertas se fue con su familia a Ibagué. A JJ y a mí nos llevaron al aeropuerto. Al entrar allí, escoltados, varias personas nos aplaudieron. Me sentía importante, aunque con esa alegría tan inmensa, eso era lo de menos.

Otros periodistas nos esperaban. A JJ le preguntaron cómo lo trataron. Respondió: "mal, mal, viva Álvaro Uribe Vélez" (obviamente eso nunca lo pasaron al aire). Yo también hablé, aunque sabía que no debía dar declaraciones no me resistí a responder a la misma pregunta, dije: "nos dieron comida y dormida, pero eso no es tratar bien, pues nos privaron de la libertad y extorsionaron a nuestras familias" (esto ya lo habíamos discutido en cautiverio, cuando escuchábamos noticias y nos preguntábamos por qué cuando liberan a alguien salen a decir que los trataron bien). También dije que los guerrilleros pedían miles de miles de pesos, que estaban locos, que creen que todo el mundo es millonario y que lo que quieren es desestabilizar al país.

Llegó el charter y mi papá no salió. El delirio de persecución y la ansiedad de llegar me hicieron creer que eso era una trampa, pero me asomé al avión y ahí estaba. Es que él no quería bajarse para evitar el show con los periodistas. Lo acompañaba el en ese entonces, Mayor Mora, de quien después supe que apoyó mucho a nuestras familias.

En el aeropuerto de Bogotá también había periodistas, pero salimos por una puerta privada y también los evitamos.

Llegamos a mi casa, mi tan añorada casita, vi a mi mamá, estaba divina, brillante, radiante, sonriente. No lo podía creer y nos abrazamos mucho. Mi hermana también estaba allí. Nos había decorado la casa con bombas y carteles que decían: "bienvenidos nuestros héroes". Estaba también la mamá de JJ, toda flaquita, por fin por un sufrimiento pudo adelgazar.

Habían recomendado a mi familia no reunirnos con mucha gente, porque podríamos estar traumatizados. Pero nosotros queríamos ver a todo el mundo y esa precaución fue cancelada. Comenzaron a llegar muchas personas: familia mía, de JJ y amigos. Me cantaron por mi cumpleaños y toda la tarde con atlas y mapas escucharon nuestras historias.

Muchas personas llegaban llorando e irónicamente nosotros las consolábamos. Nosotros llevábamos varios días haciéndonos a la idea de este reencuentro, pero para ellos el impacto era reciente.

Ese día recibimos miles de llamadas, flores, regalos y descubrimos toda la solidaridad y el cariño de la gente. Rechazamos a todos los medios de comunicación, por seguridad, pues somos escapados y además estamos en desacuerdo con su forma de trabajo. Sin embargo, salimos en todos los noticieros de ese día, en el periódico, en la revista Semana, por la radio. A veces con datos inexactos, pero bueno... Con tristeza quedamos sorprendidos al ver que algunos datos personales y confidenciales que habíamos revelado a la policía estaban en manos de los periodistas, como por ejemplo, las direcciones de nuestras casas (allí estaban esperándonos), los teléfonos, y lo peor, el lugar donde nos encontrábamos. Ese dato, suponía yo, serviría para un operativo, y así se podría rescatar a quienes quedaron allá.

Fue interesante ver aquí, ya libres, la otra cara de la moneda. Ver el interés, la solidaridad y las oraciones de tanta gente, no sólo de familia y amigos, sino de personas que ni nos conocían. Fue duro saber cómo sufrieron los nuestros; interesante conocer qué le decía *Gonzalo* a nuestras mamás y las estrategias de negociación de nuestras familias; conocer a las personas y el lugar donde se envían los mensajes radiales; saber toda la gente a la que recurrieron nuestras familias, desde curas hasta militares, políticos y guerrilla; saber que hay muchos que luchan y que ayudan, pero también que hay ineptos de uniforme y gente malvada de cuello blanco que se lucra también del secuestro.

Ahora estoy contenta y dichosa de saber que mi familia está feliz. Estoy tranquila pero con una deuda o, más bien, con ganas de poner un granito de arena para acabar con la guerrilla, eliminar el secuestro y trabajar por mi desgarrada pero amada Colombia.

Capítulo 9

Qué pasó después

En diciembre del mismo año (2001) liberaron a nuestros amigotes Pepe, Camilo y Pacho. También liberaron a Diego, a Hermes y a Marquitos. Aunque Diego fue canjeado por su hijo cuando iba a entregar el dinero del rescate de su padre.

JJ, Huertas y yo nos reunimos mucho después con Pepe y Pacho en un restaurante y esto fue lo que nos contaron:

NUESTRO ESCAPE VISTO POR LOS SECUESTRADOS

Cuando nos escapamos (cuatro de la tarde) nadie se dio cuenta, pensaban que nos estábamos bañando. "Los tres" y Diego seguían jugando cartas. A las cinco sirvieron la comida. Ellos nos guardaron nuestros platos para cuando regresáramos del baño. Cambiaron de guardia a las seis. El guardia que entregó contó a la gente así: cuatro jugando cartas, más ocho, doce, y tres que se están bañando, son quince, están completos. Al ver que no llegábamos por la comida, Camilo fue a llamarnos y se dio cuenta de que nos habíamos ido. Nervioso le contó a Pepe. Se hicieron los locos hasta que los guerrilleros se dieron cuenta. Pero ya era muy tarde, eran las 6 y 15.

A todos los encadenaron y fueron a buscarnos alrededor, pero no muy lejos por ser ya casi de noche. Al otro día a todos les volvieron a poner cadenas. Salieron a buscarnos, pero como nos imaginábamos, se dirigieron hacia abajo. Todos señalaban de cómplices a "Los tres". Juan en su locura les decía a los guerrilleros que debían "colgarlos de las pelotas".

Los guerrilleros

De las guerrilleras que se enfermaron gravemente supieron que se murieron dos, parece que de infecciones urinarias. Otra que gritaba de dolor en "Los Cauchos" estaba teniendo un bebé, que nació perfectamente bien, sietemesino.

A otros de los guerrilleros que nos cuidaron ya los mataron.

Los guerrilleros del Frente 17 de las FARC eran los responsables de nosotros. Parece que había un trato en donde si ellos ayudaban a custodiar a todos los secuestrados, se ganaban tres secuestrados (nosotros). Por eso los mandaron a buscarnos. *Darío*, el guerrillero "gomelo", estuvo recorriendo la ruta por donde nos habían llevado a "Los Cauchos" y varias veces estuvo cerca de la represa de Prado. Luego todos los del Frente 17 decidieron ir a buscarnos en un carro a Colombia y allí el ejército los mató a todos. La noticia salió por el periódico regional, y un guerrillero se la mostró a Pepe.

Más tarde, en el 2004, Huertas se encontró con un guerrillero, *Camilo*, el que tanto había tratado de hablar de política los últimos días con nosotros. Se lo encontró en un cuartel del ejército. Se había entregado bajo el programa de reinserción.

A todas las familias de nuestros compañeros las contactamos. A la esposa de Karl le recomendamos enviarle mensajes por radio, y lo comenzó a hacer. Nos contaron que eso lo hizo muy feliz. También hablamos con la familia de Ángel.

Todas las familias de nuestros compañeros liberados tuvieron que pagar rescates extorsivos a las FARC, a veces más de dos o tres veces.

Pepe y Pacho ahora se encuentran en Bogotá. Por seguridad no han podido volver a su pueblo. Pepe está pagando casa por cárcel por unos problemas en los que lo involucraron cuando hacía política en su pueblo.

Camilo debió volver a su pueblo a trabajar, aunque la seguridad no haya mejorado mucho.

A Miguel y a Ñono los liberaron en el 2002.

Álex y Juan fueron liberados en el 2003: En el 2002 a Álex le asesinaron a su esposa, junto con una política, cuando trataba de llevar un dinero para su liberación.

A Ernesto lo liberaron en diciembre de 2004. Alcanzó a cumplir casi cinco años secuestrado.

El hijo de Diego sigue secuestrado.

Karl sigue en cautiverio a pesar de que su familia ha pagado dos veces por su libertad.

Con ninguno de ellos hemos hablado en la libertad.

La ZONA DE DISTENSIÓN fue cancelada tres meses después de nuestro escape. Hoy quedan más de 700 secuestrados en esa zona y más de 4.000 en toda Colombia, en condiciones muchísimo peores que las que vivimos nosotros dado el poderío guerrillero del momento.

Librería
norma.com

Uno de los portales de libros
más visitados en idioma español.

Regístrese y compre todos sus libros en
www.librerianorma.com y reciba grandes beneficios.